CHÈRES ERREURS

40 chroniques pour transformer les boulettes en pépites

Cécile GEVREY-GUINNEBAULT
Illustré par Luc Tesson
Préfacé par Audrey Duval

CHÈRES ERREURS

40 chroniques pour transformer les boulettes en pépites

Enrick B. Éditions

www.enrickb-editions.com

Illustrations : Luc Tesson
Mise en page : Comandgo

ISBN : 978-2-38313-406-0

SOMMAIRE

Erreurs contractuelles

Erreurs politiques

Erreurs stratégiques

Erreurs éthiques

Erreurs relationnelles

Erreurs émotionnelles

Erreurs de conscience de soi et de ses limites

Erreurs de communication

Décoder ce livre avec l'approche systémique et stratégique de Palo Alto

*« Si le vaincu est celui qui meurt et le vainqueur celui qui tue,
en me déclarant vaincu, je m'institue vainqueur. »*
Fernando Pessoa, *Le livre de l'intranquillité*

*« C'est pt'être vrai que ce n'est pas joli, joli...
mais, avouez que c'est rudement ressemblant... avouez-le. »*
Christophe, *Les facéties du Sapeur Camember*

PRÉFACE

En partageant ses erreurs, Cécile Guinnebault nous offre bien plus qu'un recueil de chroniques acidulées. Elle démontre, par l'expérience, les vertus de l'apprentissage par l'erreur en situation professionnelle. Ce regard amusé sur la vraie vie d'une entrepreneure détonne, dans une littérature dopée à la pensée positive. Il dédramatise une idée souvent taboue en entreprise : l'inéluctabilité de l'erreur.

En majorité, la tolérance à l'erreur est faible dans les organisations. Plus encore vis-à-vis de leurs leaders. Or, il n'est plus possible de faire réussir une entreprise, quelle que soit sa taille ou son secteur, sans prendre des risques majeurs pour sa pérennité, d'autant plus dans des environnements compétitifs et incertains. Les stratégies calculées et pilotées au millimètre ont vécu. En tant que dirigeante, je prends et valide tous les jours avec mes équipes des décisions que les contextes politique, géopolitique ou climatique se chargeront peut-être d'invalider dans quelques semaines. C'est tentant, d'attendre d'avoir calculé tous les risques avant de décider… De peur de se tromper ? Or, je suis convaincue que c'est précisément en essayant d'éviter ces risques que je mets mon entreprise, mes équipes et mes parties prenantes le plus en danger.

Je recrute et promeus aujourd'hui celles et ceux qui dirigeront mon groupe demain. De quoi auront-ils et elles besoin ? A minima, de sécurité psychologique. Pas seulement personnelle, mais organisationnelle. Pour prendre la moins mauvaise décision au moment où il faut la prendre, c'est-à-dire sans multiplier les niveaux de validation pour se rassurer. Pour écouter les signaux du terrain, qui disent s'il faut corriger le tir ou persévérer dans l'adversité. Pour apprendre collectivement tout ce qu'il est possible d'apprendre, avant le prochain coup porté à nos habitudes et nos certitudes.

La sécurité psychologique ne se décrète pas. Elle se cultive au quotidien, dans nos relations interpersonnelles. J'ai eu, et j'ai toujours la chance de travailler pour des patrons (oui, peu de femmes…) qui m'ont fait sortir de ma zone de spécialité pour aller dans des situations, des produits et des marchés auxquels je ne connaissais parfois rien, ou si peu. Je n'avais pas d'autre option que de prendre des « risques ». Ils m'ont encouragée et laissée les prendre. Mieux : ils les ont assumés avec moi. Je n'ai jamais eu de difficulté à dire « Je ne sais pas » à mes équipes, et à écouter ce qu'elles savaient mieux que moi. C'est devenu une signature.

Ce sont ces relations sécures avec mes n+1 qui me permettent aujourd'hui de faire de même avec mes équipes. Ces dernières savent que je préfère les voir essayer et échouer, que de ne rien tenter. Et que je serai avec elles quelle que soit l'issue. Du reste, j'encourage chaque jeune leader à avoir, dès sa prise de poste, une discussion avec son ou sa n+1. Au-delà de connaître ses objectifs, il est crucial de savoir sur quoi et jusqu'où prendre des risques, dans quelle mesure on peut remettre en cause le statu quo, quelles sont ses marges de manœuvre et de quel soutien on bénéficie... Autant savoir ça tout de suite, avant de se retrouver en porte-à-faux.

Le droit à l'erreur n'est pas un chèque en blanc. C'est un droit à une prise de risque mesurée, qui demande du discernement des deux côtés et beaucoup de confiance réciproque, le tout relayé par une organisation qui permet de joindre le geste à la parole. C'est un effort constant, qui pose des questions exigeantes comme :
- Comment sont traitées les équipes dont le projet ou l'activité a échoué ? Sont-elles récompensées ou sanctionnées ? Apprend-on de nos erreurs ?
- Les personnes promues sont-elles reconnues pour les risques qu'elles prennent ou pour leurs succès rutilants ?
- Qui est recruté ? Les personnes qui cochent 100 % des cases du poste à pourvoir, ou celles qui en cochent 50 % et sont prêtes à apprendre les 50 % qui restent en sortant de leur zone de confort ?

Quel est le bon équilibre entre imposer le droit à l'erreur à tout le monde (délicat quand il y a des enjeux de conformité ou de sécurité) et laisser chaque manager créer sa propre micro-culture au détriment de l'ambition commune ?

Les organisations, y compris françaises, ont encore de gros progrès à faire pour laisser la place à l'incertitude, au potentiel, à la prise de risque. Je ne crois pas aux grand-messes et aux grandes leçons. Je crois au travail de fond et à la sincérité, au quotidien, pour dédramatiser les erreurs et en faire des leviers d'apprentissage.

Si éloignés que soient nos univers professionnels respectifs, j'ai trouvé tout cela dans la démarche de Cécile.

La prise de risque : elle a mené toute sa vie professionnelle sans jamais cocher toutes les cases au départ. Son parcours s'est construit non pas malgré, mais avec ses échecs. Et elle raconte bien comment ses refus d'obstacles lui ont coûté plus cher que les risques qu'elle a pris. On pourra m'opposer qu'elle travaille seule et ne prend de risques que pour elle-même. C'est vrai. Mais en travaillant seule, elle assume également seule les conséquences de ses décisions. Plus elle « joue sa peau », plus la prise de risque est inévitable et c'est ça qui m'inspire dans son témoignage.

La curiosité pour un trésor trop souvent dédaigné : quelle que soit la nature ou la gravité des erreurs qu'elle raconte, Cécile en tire des leçons qui font d'elle la professionnelle aguerrie et légitime qu'elle est aujourd'hui dans son métier. Que les risques ou les pièges auxquels nous sommes soumis dans nos contextes professionnels ressemblent ou non aux siens importe peu. C'est la démarche, qui consiste à reconnaître ses erreurs, les regarder avec recul et bienveillance, les analyser et en tirer des leçons qui constitue une routine au travail. Banaliser les erreurs et valoriser ce qu'elles nous apprennent est le terreau d'une culture saine de la prise de risque mesurée.

La sincérité et le recul : Cécile a choisi le ton de l'autodérision, sans donner de leçon à qui que ce soit d'autre qu'à elle-même. Là encore, elle se démarque des discours incantatoires. Elle décrit sans fard « ce qui peut se passer de pire » dans des situations où nos mentalités, nos organisations et nos modes de leadership nous poussent à balayer la poussière sous le tapis. Et nous montre que non contente de survivre à ces moments souvent désagréables, elle en est sortie grandie.

Cécile nous invite à sourire de ses erreurs pour mieux vivre avec les nôtres. Chères Erreurs est une source d'inspiration pour faire évoluer nos mentalités individuelles et collectives dans le monde de 2025, qui a besoin de leaders et d'équipes sans complexes face à la prise de risque.

Audrey Duval
Executive Vice President de Sanofi,
en charge des Corporate Affairs du groupe
Présidente Sanofi France

INTRODUCTION

Un recueil d'erreurs, sérieusement ?

Imaginez que sur son CV, Roger Federer écrive « vainqueur de 80 % de mes matchs, en ayant gagné seulement 54 % des points joués ». C'est pourtant bien ce qu'il dit dans son discours aux étudiants de Dartmouth !

Regarder le discours en vidéo sur YouTube

https://eqrco.de/a/cospiq

Au moment de prendre sa retraite de la compétition internationale, ce joueur de légende raconte sans complexes qu'il a perdu presque la moitié des points qu'il a joués en tournoi. Et que cela ne l'a pas empêché d'être un des plus grands champions de tous les temps.

Quand je fais mon métier de coach en entreprise et de superviseure de coachs, je rencontre des femmes et des hommes remarquables, des talents exceptionnels, des personnalités attachantes, des ambitions légitimes. Mais je me heurte aussi souvent à ce mal très français (mais pas que) : la peur de l'échec. Celle qui empêche de prendre des risques, pousse à éviter ou à cacher ses erreurs, encourage à enjoliver son CV ou à chercher des coupables plutôt que des solutions. Or, comme l'évoque Audrey Duval dans sa préface, « *c'est précisément en essayant d'éviter [les] risques que je mets mon entreprise, mes équipes et mes parties prenantes le plus en danger.* » Alors… Je me prends à rêver de ce qui se passerait, si toutes ces personnalités, tous ces talents, toutes ces ambitions se donnaient le droit à quelques erreurs.

Ce que j'apporte en premier lieu aux individus et aux équipes que je coache ou supervise, c'est de la sécurité psychologique : en d'autres termes, l'assurance qu'avec moi, leurs doutes, leurs difficultés, leurs plantages, leurs erreurs et leurs échecs seront bien reçus. Parce que je suis convaincue que « *tout défaut recèle des compétences à mettre à profit au lieu d'engager un combat perdu d'avance contre lui.*[1] »

---

[1] Françoise Kourilsky, *Du désir au plaisir de changer : coaching et management du changement*, 5e édition, Dunod, 2022.

Donner le droit à l'erreur, ça ne s'improvise pas, surtout dans notre culture où l'erreur reste taboue, honteuse et souvent stigmatisée. Un jour, j'ai rencontré un dirigeant qui avait décidé de donner le droit à l'erreur en assumant publiquement les siennes. C'est son exemple que j'ai voulu suivre en écrivant ce livre.

Chères Erreurs est tout d'abord une invitation à sourire de mes erreurs, parce que vous allez voir, elles ne sont pas piquées des vers. Et c'est aussi, et peut-être surtout, une invitation à regarder les vôtres avec indulgence, pour apprécier tout ce qu'elles vous ont appris et pourraient encore vous apprendre si vous décidiez de leur donner droit de cité.

Qui suis-je, pour prétendre vous donner droit à l'erreur ?

Je suis coach professionnelle depuis plus de vingt ans et superviseure de coachs. J'exerce mon métier en indépendante depuis onze ans, et je vis exclusivement du coaching et de la supervision. Ce point mérite d'être souligné sur un marché où l'on entend souvent que le coaching n'enrichit que les écoles de coaching et où la plupart des coachs vivent surtout de la formation. J'en profite ici pour remercier toutes les entreprises et les personnes qui me font confiance depuis si longtemps.

Tout au long de mon parcours professionnel, j'ai appris tous mes métiers en autodidacte, avec un bac +0 au milieu des diplômés de grandes écoles : formatrice en management, consultante en organisation, DRH, puis coach. Ma grande école à moi, ça a été Sup' de Boulettes. J'essayais. Si ça marchait tant mieux, si ça ne marchait pas je réessayais autrement, ou je passais à autre chose. Sans me prendre pour une championne du monde, je considère que ma vie professionnelle m'a apporté bien plus que ce que mon niveau d'études initial ne me laissait espérer au départ. Quand j'ai compris que l'apprentissage par la pratique ne me permettait plus de progresser, je me suis lancée dans les formations théoriques. Sinon à corps perdu, du moins avec passion. Je me suis formée à des quantités d'approches et d'outils avant de choisir celle qui me convenait le mieux. Mettre de la théorie sur toutes mes années de pratique m'a fait faire des progrès gigantesques.

Alors ne comptez pas sur moi pour disqualifier les parcours plus classiques, dans lesquels la théorie précède la pratique. Simplement, ma vie a décidé que je ferais l'inverse. J'ai commencé par la pratique et j'ai poursuivi par la théorie. Aujourd'hui, une petite poignée de collègues coachs et quelques responsables des achats s'interrogent encore sur ma légitimité professionnelle. Étant plus certifiée, diplômée, labellisée qu'une charolaise au Salon de l'agriculture, je réponds à leur obsession du diplôme en exhibant les miens, mais sérieusement : ce qui me différencie n'est clairement pas ces bouts de papier qui ne valent que ce qu'ils coûtent. C'est le fait que dans mon coaching comme dans ma supervision, tout part de la pratique et tout retourne à la pratique. Quand c'est nécessaire, je vais chercher dans la théorie ce dont j'ai besoin pour répondre à mes questions. Si j'ai choisi l'école de Palo Alto comme boussole épistémologique, c'est parce que cette approche est pragmatique. C'est le résultat qui m'indique si j'ai bien compris le problème qui m'est posé, et si j'ai choisi la bonne stratégie pour le résoudre.

Chères Erreurs est le reflet exact de ma manière de coacher et de superviser. Il part de mes expériences de terrain, et en extrait les apprentissages à travers la grille épistémologique de l'école de Palo Alto, dont je vous parle brièvement à la fin du livre.

À qui s'adresse ce livre ?

Les erreurs que vous allez découvrir dans ce recueil ne sont pas uniquement des erreurs de coach. Ce sont des erreurs essentiellement relationnelles, bref des erreurs humaines.

Une bonne part sont des erreurs d'entrepreneure. Car je ne vous ai pas encore dit que pour pouvoir passer la moitié de mon temps à exercer le métier que j'ai choisi, je dois passer l'autre moitié à vendre, communiquer, faire de l'administratif, du juridique ou de la logistique et enfin, entretenir mes compétences par la formation continue et la supervision. Je peux vous dire que cette autre moitié, celle de l'entrepreneure, m'a fait faire bien des erreurs.

Quant aux erreurs relationnelles, émotionnelles, politiques, éthiques, elles ne sont pas l'apanage des coachs. Certes, elles se rejouent dans les relations de coaching qui sont des concentrés de relations humaines, mais elles se jouent en premier lieu dans les entreprises !

Quitte à bousculer les codes du leadership traditionnel en faisant l'apologie de l'erreur, j'ai également fait un effort très intentionnel de parité dans ce livre. Tout d'abord dans les rôles, où vous trouverez autant de femmes formidables que d'hommes remarquables, de goujates que de saints-nitouches. Mais aussi dans l'écriture, où j'ai fait de mon mieux pour être inclusive. Bien qu'ayant appris à lire et à écrire dans les années 1970 où le masculin l'emportait « naturellement » sur le féminin, lire un livre entier au masculin inclusif aujourd'hui m'écorche les yeux. Alors, pour vous épargner le point médian qui alourdit vraiment la lecture, j'ai jonglé avec les termes non-genrés, les accords alternés entre masculin et féminin… et puis quand je n'arrivais vraiment pas à contourner l'obstacle, j'ai gardé les tournures traditionnelles au masculin inclusif. Ce sera insuffisant pour une partie d'entre vous, excessif pour d'autres. J'ai fait de mon mieux pour concilier votre confort de lecture et mes convictions : j'assume l'effort et son imperfection.

Comment est organisé ce livre ?

J'ai choisi de classer mes erreurs par thème, plutôt que par ordre chronologique. Vous découvrirez d'abord les erreurs d'entrepreneure :

1. commerciales,
2. marketing,
3. contractuelles,

… avant d'entrer dans le vif des pièges relationnels de la vie en entreprise :

4. les écueils de la politique en entreprise,
5. les mystères et subtilités des stratégies relationnelles,
6. les rapports de force dans les relations,
7. les dilemmes éthiques,
8. les pièges émotionnels,
9. les angles morts de la conscience de soi et de ses limites.

Le dixième et dernier chapitre s'intéresse aux erreurs de communication, qui sont transversales à tous les autres thèmes.

Certaines histoires sont anciennes, d'autres plus fraîches. Si certains éléments suggèrent une temporalité, comme l'évocation de la pandémie de Covid, c'est pour poser le contexte particulier d'une anecdote qui ne serait pas compréhensible autrement, ou pour souligner mes logiques de persévérance dans l'erreur.

Si vous souhaitez passer de l'autre côté du miroir, et savoir quel regard épistémologique et méthodologique la coach que je suis porte sur toutes ces erreurs, je vous ai concocté en fin d'ouvrage un « Petit glossaire amoureux et subjectif de l'approche systémique et stratégique de Palo Alto ». Vous y trouverez une présentation rapide de l'approche et de ses principaux penseurs, des définitions et quelques conseils de lecture. Je me suis limitée au strict minimum, car ce livre, bien qu'étayé par une pensée structurée, n'a pas vocation à être un manuel théorique.

Remerciements

Ce livre n'existerait pas sans toutes les personnes qui ont directement contribué à sa réalisation :

- Enrick Barbillon, qui a accueilli mon projet à bras ouverts et lui a donné une ambition éditoriale que je n'aurais jamais osé avoir seule ;

- Audrey Duval, qui, en acceptant de le préfacer, m'a donné l'élan pour m'adresser à un public d'entreprise ;

- Luc Tesson, pour ses illustrations pleines de finesse et de drôlerie, qui donnent de la légèreté à mes Chères Erreurs qui ne le sont pas toujours ;

- Carole Billiout, Karine Dal Canton, Sophie Hanrot, Samia Khallaf, Andrew Maho, Emmanuelle Piquet, Rebecca Ricchi et Cécile Schauer, sans les relectures et les conseils de qui ce livre serait l'ombre de ce qu'il est ;

- Jan Liska et Phil Waknell, qui m'ont tant aidée à préparer la sortie de Chères Erreurs.

Merci aussi à mon indispensable, précieux, cher et tendre mari Jean-Marc Guinnebault, qui partage mes bons et mes mauvais jours depuis si longtemps. Sa constance, sa présence, son recul, son sens de l'humour et son fatalisme face à mon irrépressible besoin d'évasion dans l'écriture méritent, sinon une légion d'honneur, une béatification accélérée.

Un immense et très affectueux merci, enfin, à celles et ceux qui m'ont inspirée et soutenue dans la publication de mes Chères Erreurs, sur LinkedIn puis dans ce livre :

- le très regretté Luc Beaulieu, qui m'a montré l'exemple du leadership par le droit à l'erreur ;

- mes maîtres à penser et à coacher, que je ne peux toutes et tous nommer ici. J'adresse une pensée toute particulière à Emmanuelle Piquet et Jean-Jacques Wittezaele ;

- mes chers clients et mes chères clientes, que je n'ai pas le droit de nommer ici, pour leurs encouragements à adresser aussi à des managers mon droit à l'erreur revendiqué.

AVERTISSEMENT

Les quarante chroniques qui composent ce livre sont des fictions inspirées de faits réels.

Je les ai choisies pour ce qu'elles m'ont appris, et racontées de manière à vous divertir. Les décors et les détails sont brodés et surbrodés. À l'exception notable de Françoise, ma première coachée qui a depuis longtemps décidé de témoigner à visage découvert, les protagonistes n'existent pas dans la vraie vie sous l'identité que je leur ai donnée. Seuls quelques personnages secondaires apparaissent sous leur véritable identité, comme des personnalités historiques dans un roman ou un film. Quant aux entreprises et secteurs dans lesquels j'ai situé mes histoires, j'ai soigneusement mélangé mes souvenirs pour que personne n'y retrouve ses petits.

J'ai soigné cet habillage tant pour votre plaisir de lecture que pour honorer la confiance des personnes et des entreprises que j'ai accompagnées pendant toutes ces années, qui savent que je ne rigole pas avec mon devoir de confidentialité.

À la limite, j'aimerais beaucoup que vous vous retrouviez dans toutes mes histoires, ou du moins dans une partie d'entre elles. Cela me dirait que mes erreurs ont quelque chose d'universel.

Puisse le caractère fictif de ces chroniques mettre en valeur ce qu'elles contiennent d'apprentissages bien réels.

ERREURS COMMERCIALES

1

J'ai vendu mon premier coaching grâce à l'erreur d'un concurrent

Ou comment j'ai découvert qu'en situation de compétition, tout est relatif. Surtout les erreurs.

Peu avant de quitter mon dernier boulot de consultante salariée, j'étais allée en rendez-vous commercial avec Yann, un directeur de clientèle de mon cabinet, dans une prestigieuse institution culturelle publique. Le contact avec Pascaline, la responsable de formation, avait été tellement bon que quelques mois plus tard, alors que j'avais déjà démissionné, Yann m'a appelée pour me dire que Pascaline allait me contacter pour me confier un coaching de manager.

Au passage, il me glisse qu'il est enchanté de contribuer ainsi à mon installation en tant que coach indépendante. Vu les montants en jeu, ça ne fera aucun mal au cabinet de conseil qui vend des missions beaucoup plus importantes. Tout le monde est content.

Pascaline me rappelle sans délai et me fait part avec enthousiasme d'un projet de coaching qu'elle souhaite me confier, et pour lequel elle considère que j'ai le profil parfait : « *Vous comprenez, Cécile, ou bien j'ai affaire à des consultants qui pensent tout savoir et ne lâchent jamais le crachoir, ou bien à des psys qui campent bien à cheval sur leur secret professionnel. Vous, vous écoutez à merveille et vous serez loyale à l'institution. C'est avec des gens comme vous que je veux développer le coaching dans mon établissement !* » Pas encore très au fait de la déontologie* du coaching et tout à mon expérience de consultante, je n'ai rien trouvé à objecter à cette étonnante croyance. Ni au cadre qui m'était subrepticement imposé.

Pascaline souhaitait donc faire coacher une responsable de service pour l'aider à surmonter des difficultés relationnelles avec son équipe. Pour cela, elle lui présentait deux coachs : un ancien de l'organisation qui s'était mis à son compte et réalisait des missions de conseil auprès du DRH, et moi. Je me souviens avoir cherché des ressources pour préparer ce rendez-vous, sans grand succès. Mes ex-collègues ont bien tenté de me rassurer : « C'est comme vendre du conseil. Tu écoutes ta cliente, tu comprends de quoi elle a besoin. Avant de partir, tu reprends rendez-vous avec elle pour lui présenter ta propale une semaine plus tard. C'est simple, non ? » Bon, bon, ça faisait dix ans que je faisais du conseil et que je rédigeais des propositions, certes en équipe... Ça allait le faire. Mais quand même, je n'étais pas très à l'aise.

Me voilà donc dans le bureau de Pascaline, un bocal vitré donnant sur un hall très fréquenté, pour rencontrer Françoise, la cheffe de service qui doit être coachée. Mes deux interlocutrices tournent souvent la tête pour saluer les personnes qui passent. « *Alors donc, je vous ai invitées toutes les deux pour faire connaissance... Salut Jean-Claude ! ... Où en étions-nous ? ... Ah oui, donc, pour que vous fassiez connaissance... Salut Samir ! Ah attendez, Cécile, bougez pas.* » Sortant la tête par la porte de son bureau, Pascaline rappelle au dénommé Samir de bien penser à faire signer la feuille d'émargement à toute son équipe avant la fin de la formation « Gestes et Postures ». Puis revient s'asseoir. Salue encore quelqu'un en faisant pivoter son fauteuil vers Françoise et moi. Françoise, renfrognée, fait aussi des signes de tête à quelques personnes qu'elle voit passer, mais elle s'ennuie visiblement ferme. Moi, j'ai le tournis.

Pendant une heure, entre deux interruptions, je fais de mon mieux pour comprendre les besoins de mes interlocutrices et décrire un programme de coaching dont je n'ai aucune idée, en m'inspirant des méthodes de conseil en accompagnement du changement que j'ai pratiquées jusqu'alors. Je patauge dans la semoule, je n'arrive pas à me concentrer dans ce mouvement brownien ininterrompu... Bref pour une première, c'est une première.

> - Alors, Cécile. Nous, on n'y connait rien au coaching. Décrivez-nous concrètement comment ça va se passer ?
>
> - Donc, eh bien... On va faire dix séances de deux heures, et puis eh bien... je vais vous écouter et puis, eh bien... vous trouverez vos propres ressources pour résoudre vos problèmes.

Je sors de ce rendez-vous bien consciente que je les ai laissées toutes les deux dubitatives. La semaine suivante, je reçois un coup de fil de Pascaline, qui exulte : Françoise m'a choisie comme coach ! Hourra !!! Bon, il a un peu fallu forcer la main à cette coquine de Françoise qui n'était pas très chaude pour se faire coacher, mais grâce à son énergique persévérance, Pascaline est venue à bout de ses résistances. Moi, j'ai pas envie, mais alors pas envie du tout d'être à la place de cette pauvre Françoise.

Grâce à Françoise, j'ai tout de suite su que j'avais trouvé l'activité qui me correspondait. Vingt ans plus tard, quand elle est partie à la retraite, elle m'a recontactée pour me dire ce qu'elle avait apprécié dans mon style de coaching mais aussi pour me confier un petit secret : « *Vous n'aviez pas un programme folichon folichon, Cécile. Mais quand j'ai vu votre concurrent faire des grands coucous aux collègues qui passaient dans le couloir, je me suis dit : celui-là, il va aller raconter ma vie à toute la maison. Avec vous, je ne courais pas ce risque-là. C'est comme ça que je vous ai choisie. Et je ne l'ai jamais regretté.* »

Lire le témoignage
de Françoise

https://eqrco.de/a/uNy5xm

Ma méthode commerciale était médiocre, c'est un euphémisme. Mais en l'espèce, celle de mon concurrent était encore pire. Françoise ne m'a pas choisie pour mon programme, mais pour ma discrétion. Je n'en avais pas conscience sur le moment, mais elle et moi nous sommes rapidement mises d'accord sur le fait qu'elle était la seule propriétaire du contenu de son coaching. Pascaline n'a jamais rien su d'autre que ce que Françoise a bien voulu lui dire, c'est-à-dire pas bézef.

J'ai travaillé six ans pour cette institution, dans laquelle j'ai fait mes apprentissages de base en tant que coach. Et quand je lis le témoignage que m'a offert Françoise en partant à la retraite, je suis toujours fière de ce que j'ai appris à cette époque.

2

Je suis allée en rendez-vous de prospection comme à l'abattoir

Ou comment mon complexe de l'autodidacte a découragé mes amis de me recommander.

Quand je me suis mise à mon compte, j'étais absolument paniquée à l'idée de devoir me vendre. J'avais l'impression de devoir me prostituer. L'idée même des rendez-vous de prospection me faisait éprouver un mélange de dégoût et de honte. Qu'est-ce que vous voulez ma bonne dame, j'ai été élevée dans une famille de militaires où le mot « négociation » n'existe pas, et où une femme qui se respecte ne doit jamais faire le premier pas, à part pour débarrasser la table. Munie de ce viatique, j'étais bien partie pour une grande carrière d'indépendante.

Heureusement, j'avais des tas de copains et copines de ma vie d'avant, qui avaient eu la gentillesse de me recommander aux DRH de leur connaissance. Grâce à leur actif parrainage, j'avais obtenu quelques rendez-vous, notamment chez un très grand nom de l'informatique qui, à l'époque, n'était encore qu'une start-up. Un couple d'amis avait passé le déjeuner du dimanche à me briefer pour me donner du courage avant l'épreuve. « *La DRH est hyper sympa, tu vas voir. Quand on était à HEC, on faisait des week-ends de voile du tonnerre avec elle. Et tu verras, tu vas jouer sur du velours : sa boîte a de gros besoins de coaching. Du reste, quand on était à HEC...* » J'avais enduré cette séance d'entre-soi avec peine, me persuadant que c'était, au fond, un prix modique à payer pour accéder à la fameuse DRH et à ses gros besoins de coaching. Mais en vrai, maintenant que j'y pense... Au lieu de me rassurer, ce déjeuner n'avait fait que réveiller mon vieil ennemi, mon complexe de l'autodidacte. Celui qui me rappelait, dès que je me trouvais dans une situation à enjeu, que faute d'avoir fait des études supérieures, j'étais condamnée à passer toute ma vie par les portes de service. Tout ragaillardi par la discussion du dimanche, mon complexe avait déjà largement entamé son travail de sape quand je me suis présentée à l'accueil le jour du rendez-vous.

Madame-la-DRH-qui-a-fait-HEC m'a fait très courtoisement entrer dans son bureau, a prié sa secrétaire de m'offrir une tasse de thé, puis m'a demandé, tout miel : « *Parlez-moi de vous.* » Ce que j'ai fait. Elle m'a écoutée très aimablement, posant quelques questions de relance. Moi, en mode hamster dans ma roue, je parlais, je parlais, je parlais (et je transpirais beaucoup). La tête légèrement penchée, elle suivait de l'ongle la couture de l'accoudoir de son fauteuil. Elle n'a même pas pris la peine de me parler de son entreprise et de ses enjeux RH. Au bout d'une heure, elle m'a toujours aussi poliment raccompagnée à la porte, en me disant « *Très intéressant !* » d'un air compatissant.

Cette DRH n'a plus jamais répondu à mes demandes de contact. Je ne maîtrisais pas les codes relationnels indispensables pour travailler avec elle. Au sortir de ce rendez-vous, je me sentais tellement comme une bonniche insortable que je n'ai plus jamais osé demander d'aide à mes potes, qui ont très vite cessé de me recommander. J'ai encore traîné ce foutu complexe de l'autodidacte pendant plus de quinze ans après cet épisode. Aucune formation aux techniques de vente n'a pu faire quoi que ce soit pour m'aider.

Ce salopard de complexe n'a commencé à desserrer son emprise que le jour où, dans le couloir où nous prenions nos pauses, un copain de formation m'a offert un des plus beaux recadrages* de toute ma vie. Après avoir écouté attentivement le récit complet de mon parcours professionnel et de mes difficultés commerciales, il m'a dit très posément : « *Tu me parles d'un horrible complexe, Cécile, et je vois bien qu'il te fait terriblement souffrir. Mais ce que j'entends surtout dans ton récit, c'est la fierté d'avoir, pendant toutes tes années de conseil, fait jeu égal avec tes collègues diplômés de grandes écoles. Et mon petit doigt - qui a fait HEC - me dit que si les dirigeants de ton cabinet t'ont cooptée dans leur boys' club, ce n'est ni par philanthropie, ni par féminisme. C'est parce qu'ils ont vu en toi ce que tu ne vois pas toi-même. Ils doivent être très déçus de te voir continuer à te présenter au monde comme une espèce d'indécrottable Cendrillon alors que tu as tout pour briller comme l'une des leurs...* »

En rentrant chez moi ce soir-là, je marchais sur l'eau. J'avoue avoir mis encore quelques années de thérapie à assumer cette fierté toute neuve et à développer un début d'assurance relationnelle. Sans elles, j'aurais mis la clé sous la porte depuis longtemps... et je n'aurais jamais écrit ce livre qui est, au fond, un pied de nez au salopard.

3

J'ai fait du coaching sauvage

Ou comment j'ai perdu un bon copain en voulant faire son bien malgré lui.

Si prospecter dans le dur était au-dessus de mes forces (et l'est toujours), je n'en avais pas moins besoin de vendre des missions. Pour cela, je comptais sur le bouche-à-oreille. J'avais un tas d'anciens collègues qui occupaient de beaux postes dans des grandes boîtes, et dont j'espérais me faire une clientèle.

Guillaume, qui avait rapidement quitté le conseil pour aller gagner des fortunes dans la finance, en faisait partie. En plein divorce très, très conflictuel, il traversait alors un enfer et se plaignait beaucoup à chacun de nos déjeuners. À chaque fois, j'avais droit au récit méticuleux des dernières engueulades, du chantage par enfants interposés, des tactiques dégueulasses de l'avocate de son ex, des échanges de mesquineries verbales et matérielles, la totale. En cours de formation à l'approche de Palo Alto*, je trouvais dans chacune de nos discussions matière à penser que Guillaume s'y prenait comme un chef pour aggraver ses propres souffrances.

Ce déjeuner ne faisait pas exception. Nous étions fin novembre, il pleuvait à verse et à la mi-journée, il faisait déjà pratiquement nuit. J'avais pensé nous mettre à l'abri de ce déluge dans un resto cosy où l'on buvait du bon vin... Ignorant encore qu'il est inutile, voire contre-productif de chercher à remonter le moral de quelqu'un qui va très mal. En arrivant, Guillaume avait apporté avec lui toute la pluie et toutes les larmes de la Terre. Alors que je le connaissais si charmant quand il était en forme, il s'est avachi sur la banquette, défait, amer et négligé au point d'en sentir mauvais. Pendant tout le déjeuner, il a ouvert grand la vanne à plaintes en dessinant des croisillons à la fourchette dans sa purée, dont il n'a pas avalé plus d'une bouchée.

Bien qu'exprimant un mépris sans filtre pour les psys, Guillaume avait de toute évidence besoin d'aide. Et moi, en toute modestie, je me sentais tout à fait de taille à le sauver, d'autant que ça m'aurait aidée à payer mon loyer. Plutôt que de passer des heures à l'écouter s'apitoyer sur son sort, j'avais en tête quelques stratégies bien senties pour l'aider à sortir de son marasme. Je le voyais déjà, sorti d'affaires au bout de quelques mois, me remercier en me recommandant à tous ses richissimes collègues banquiers. Chacune ses fantasmes.

Guillaume en était à me narrer le conflit de plus en plus douloureux qui l'opposait à son fils cadet Ben, lequel avait pris fait et cause pour sa mère. Guillaume avait commencé par essayer d'acheter les bonnes grâces de son fils en subvenant plus que généreusement à tous ses besoins. Puis, quand il s'était avéré que Ben considérait ces largesses comme un dû et peut-être même comme une façon de venger sa mère, Guillaume s'était braqué. Il accablait désormais son fils de reproches et ne versait plus sa pension alimentaire que de très mauvaise grâce. Tout cela n'avait eu d'autre effet que de mettre de l'huile sur le feu de la procédure de divorce, et de conforter Ben dans l'idée que son père était vraiment un sale con, pourri par le fric.

Je n'en étais pas là dans mon évaluation de la situation : tout le monde pense, dit et fait des trucs horribles dans les moments de crise. Mais quand même, je trouvais qu'il y allait un peu fort dans le registre *Faites vous-même votre malheur*[2], l'ami Guillaume. N'écoutant que mon bon cœur et, soyons honnête, mon fantasme inavoué de sauvetage en mode super-coach, je commence à lui poser des questions comme s'il était un coaché, sans prendre le soin élémentaire de lui demander s'il est d'accord. « *Dis-moi Guillaume, je vais te poser une question que tu vas probablement trouver gonflée. Que faudrait-il faire ou ne pas faire, dire ou ne pas dire pour que ta situation, qui est déjà épouvantable et atrocement douloureuse, s'aggrave encore ?* ». J'étais hyper contente de moi, j'avais posé la question du « comment aggraver »* comme dans les livres.

Guillaume a repoussé son assiette de purée quadrillée d'un geste agacé, puis il a éludé ma question. Il est reparti sur l'ingratitude de Ben, et les mille et une manières dont il allait forcer son fils à lui prêter allégeance dans ce foutu divorce. Et moi, ne retenant des livres que ce qui m'arrangeait, j'ai insisté : « *C'est vrai, quoi. J'ai l'impression que plus tu cherches à t'assurer la loyauté de Ben, plus elle t'échappe.* » Gros, gros soupir. Je vois les mâchoires de Guillaume se crisper. Sous la table, ses jambes trépignent. Le moment ou jamais de dégainer la grosse Bertha : « *Si Ben ne prenait jamais parti pour toi, que ferais-tu de différent ?* »

---

[2] Titre d'un ouvrage de Paul Watzlawick, Points Seuil, 1990.

Guillaume s'est levé, renversant son verre de Fixin sur mon chemisier crème, et m'a craché à la figure : « *Mais enfin Cécile, je ne t'ai rien demandé ! Occupe-toi de la couleur de tes couches !* ». Consternée, je l'ai vu repartir en trombe sous des torrents de pluie, le visage déformé par la fureur.

J'ai eu beau me confondre en excuses, par répondeur téléphonique, par courriel et par la poste, Guillaume ne m'a plus jamais adressé la parole. Le lendemain, la journée de formation commençait par un rappel que je recevais vingt-quatre heures trop tard : n'aidez jamais quelqu'un qui ne vous demande rien. Je venais de payer très cher cette leçon élémentaire.

4

J'ai accepté trop vite de travailler gratuitement

Ou comment j'ai appris que ce qui ne coûte rien n'a pas de valeur.

Dans le cadre d'une de mes formations, j'avais coaché Daphnis gratuitement en échange de discussions approfondies sur nos apprentissages respectifs. Cet échange de bons procédés avait très bien fonctionné. Quelques années plus tard, Daphnis se forme au coaching et m'appelle pour savoir si je suis d'accord pour coacher Chloé, une de ses camarades de promotion aux mêmes conditions. J'accepte. Tout doit se passer à distance.

Lors de la première séance, assise par terre dans la cuisine de sa sœur qu'elle me décrit comme une abominable sorcière, Chloé ressemble à un petit moineau perdu. Des larmes dans la voix, elle me remercie chaleureusement pour ma gentillesse et ma générosité. Elle me promet que bien entendu, elle remplira sa part du contrat avec discipline et gratitude. En passant, elle me glisse que les cinq séances que nous devons faire ensemble sont une obligation pour obtenir son diplôme de coaching et que je devrai remplir un document d'évaluation à la fin. Je trouve ça un peu bizarre, mais bon.

À la deuxième séance, Chloé arrive trois quarts d'heure en retard, parce que son déménagement international ne s'est pas passé comme prévu. Hasard du calendrier, nous sommes toutes les deux assises au milieu de piles de cartons de déménagement. Sauf que moi, j'étais à l'heure. Elle se confond en excuses, je maintiens mon cadre et la séance dure quinze minutes. Je ne la sens pas, mais bon.

À la troisième séance, voilà Chloé installée dans son nouveau chez-elle. À l'arrière-plan, je remarque un salon immense, meublé de pièces de designer et décoré d'imposantes œuvres d'art. Chloé m'explique qu'elle a tout fait venir à grands frais du pays où elle séjournait précédemment, car elle ne trouvait pas dans son nouveau pays de quoi se meubler à son goût, et que les tableaux venaient de la collection particulière de son armateur de père. Et que c'est la raison pour laquelle elle était arrivée en retard à notre précédente séance. Je me sens manipulée, mais bon. Pas très fière des émotions qui me traversent, je me tais. J'ai accepté de bosser gratuitement sans la questionner sur ses ressources, tant pis pour moi.

À part ça, Chloé consacre toutes nos séances à m'expliquer qu'elle est victime de la Terre entière : famille, collègues, petites amies... tout y passe. Aucune de mes questions sur sa part de responsabilité et ses apprentissages en tant que coach ne trouve d'écho. Je l'interpelle à plusieurs reprises sur son niveau d'investissement dans ce coaching. Elle se récrie, m'assurant qu'elle veut me recommander à ses copines qu'elle me décrit comme une jet-set planétaire. Fort agacée, je garde mon calme en me disant que ce coaching-prétexte est terminé. J'ai fait ce à quoi je m'étais engagée, cela n'a servi à rien, c'est son problème.

Quelques jours plus tard, Chloé m'envoie le questionnaire d'évaluation de son école de coaching, lequel pose des questions explicites sur sa maturité relationnelle et sa capacité à être coach. J'ai répondu sobrement que je n'étais pas en mesure de répondre, car elle n'avait rien investi d'autre dans ce coaching que le temps qu'elle y avait passé. Elle m'a abreuvée de menaces et d'insultes jusqu'à ce que je la bloque. Daphnis, qui n'a entendu que sa version des faits, m'a fait la gueule pendant deux ans.

Je n'ai plus jamais accepté de travailler sans contrepartie. À défaut d'argent, qui n'est qu'une ressource parmi d'autres, je demande toujours une contrepartie symbolique : une recommandation, un témoignage client pour mon site internet, un service, que sais-je. J'ai même arrêté d'offrir des rendez-vous « découverte » et des séances d'essai gratuites via mon site internet. Le taux de posage de lapin frisait les 90 %. Le jour où j'ai rendu mes séances d'essai payantes, le taux d'assiduité est passé de 10 à 80 %. À qui me dit que j'attire moins de monde comme ça, je réponds que je n'ai pas envie d'attirer des touristes qui ne respectent pas mon temps.

5

J'ai attendu sagement que mon client me passe commande

Ou comment j'ai cru qu'il suffisait d'être compétente et disponible pour que mon client m'achète quelque chose.

J'avais été recommandée au responsable Learning & Development d'un grand groupe de BTP, Alexandre, qui possédait un carnet d'adresses et un pouvoir de prescription dignes d'un ministre. Lors de notre première rencontre dans son bureau du quartier de l'Étoile, il me reçoit furax contre sa n+1 qui, selon lui, possède tous les défauts de la Terre - notamment celui de ne pas lui accorder ce qu'il lui demande. Voyant qu'il ne sert à rien d'essayer de dévier le cours de son impétueux monologue, j'écoute Alexandre sans l'interrompre, écarte mon verre d'eau d'une probable collision avec ses mains qui balaient rageusement la surface de sa table de réunion, puis je ponctue la première accalmie par :

> - Vous avez toutes les raisons d'être furieux, Alexandre. À votre place, je serais ivre de rage.
>
> - Ivre de rage, c'est exactement ça !!! Je ne peux évidemment pas aller voir ma cheffe tout à l'heure dans cet état-là. Mais bon, au moins, vous parler m'a aidé à me calmer un peu et à clarifier ce dont j'ai besoin, merci beaucoup. Reprenons rendez-vous pour un jour où je serai plus disponible.

La fois d'après, c'est contre un de ses collègues qu'Alexandre est en colère. Trouillard, conservateur, politicard, bref : incapable de prendre le moindre risque pour soutenir les idées audacieuses et innovantes de mon (pas encore) client. Dans le couloir tapissé d'une épaisse et moelleuse moquette, l'assistante d'Alexandre passe comme un fantôme pressé de disparaître.

Et Alexandre de se battre la coulpe parce que cette colère, omniprésente dans toutes ses relations professionnelles, lui est reprochée sans cesse.

Elle lui est même opposée à chaque fois qu'il exprime une opinion, quelle qu'elle soit et quel que soit le sujet. Possédant pour ma part une remarquable aptitude à la colère et une longue expérience de ses conséquences désastreuses, je n'ai pas besoin de me forcer pour ressentir toute l'empathie du monde pour lui. Je me souviens avoir décrit sa colère à ce cher Alexandre comme un pur-sang pas débourré. Avant d'avoir traversé cette étape de domestication, un cheval reste sauvage et ne peut être monté. Un cheval de course, à l'inverse, a suivi un dressage qui canalise son énergie sans l'éteindre. Et donc c'est à lui, Alexandre, de choisir s'il veut être un cheval sauvage et indomptable ou un cheval de course, qui discipline sa formidable énergie pour gagner les compétitions les plus disputées. Le sentant frétiller devant cette alternative, je me dis que j'ai marqué des points. Avec ça, s'il ne me passe pas commande... Las ! Nous nous rencontrons pour un entretien (que je qualifie de) commercial chaque trimestre pendant deux ans, sans que jamais Alexandre me sollicite pour le moindre coaching au sein de son groupe.

Un jour, Alexandre m'appelle au comble de l'excitation pour m'annoncer deux nouvelles. Une bonne et une bonne. La bonne, c'est qu'il a enfin trouvé le courage de démissionner pour devenir coach. Il est aux anges. Moi, beaucoup moins, mais je ne vais pas m'abaisser à le lui montrer. Je suis fort aise d'avoir pris son appel sur un quai de métro, dont l'agitation masque la contrariété perceptible dans ma voix. L'autre bonne nouvelle, c'est qu'Alexandre a un cadeau de départ pour moi : il a besoin que je remplace au pied levé et en anglais un coach malade dans un des programmes internationaux d'Executive Development qu'il organise.

Quelques années plus tard, Alexandre est devenu un ami. Un jour, à l'heure du café sous un tilleul en fleurs, nous évoquons ces souvenirs. Il me dit en passant que quand il était salarié, je faisais partie des trois coachs avec lesquels il avait envie de travailler à Paris et que je l'avais beaucoup aidé à faire la paix avec sa colère. Stupéfaite, j'arrive malgré tout à lui demander poliment :

> - Mais alors, pourquoi as-tu attendu de partir pour me faire travailler ?
>
> - M'enfin Cécile, tu ne m'as jamais rien proposé ! À l'époque, j'avais vingt coachs par jour qui faisaient le siège de mon bureau pour que je leur donne du boulot ! J'allais pas en plus nourrir celle qui ne me demandait rien !

- … Mais alors, ton cadeau de départ ?

- C'est ça, prends-moi pour un ingrat ! Plus sérieusement : tu avais le profil parfait pour intervenir dans ce programme. Et puis à l'époque, une coach française suffisamment anglophone pour coacher en anglais, ça se trouvait pas sous le sabot d'un cheval.

En entendant ça, j'ai repensé à cette blague, dans laquelle une femme se noie au milieu de l'océan. Très croyante, elle compte sur Dieu pour lui sauver la vie. Tout à sa foi, elle dédaigne une bouée qui passe. Puis laisse dériver un canot pourtant équipé de rames. Enfin, elle laisse repartir un dauphin venu lui offrir de s'accrocher à sa nageoire. À quoi bon, puisque Dieu en personne va venir la sauver… Ayant fini par se noyer, la femme se retrouve aux portes du paradis, où elle apostrophe Dieu avec rancœur :

- Eh dis donc, Dieu, pourquoi m'as-tu abandonnée ? Je croyais que tu étais là pour sauver ceux qui croient en toi ?!

- Mais j'en ai fait des tonnes pour te sauver, abrutie ! Je t'ai envoyé une bouée, un canot, un dauphin et tu n'as pas été foutue de t'en saisir. Tu n'as que ce que tu mérites !

Ce jour-là, Alexandre aurait aussi bien pu me traiter d'abrutie, ça m'aurait fait le même effet. En attendant, je me le suis tenu pour dit : dans toute la mesure du possible, j'essaie d'avoir quelque chose à proposer à la fin de chaque rendez-vous commercial. Ça ne marche pas à tous les coups, mais indéniablement, ça marche mieux que de ne pas essayer. Et quand je ne propose rien, ce qui m'arrive, c'est que je n'attends rien d'autre que d'entretenir la relation.

Vous pensez peut-être, comme ma très chère amie Sophie, que pour une indépendante dont la société tourne depuis onze exercices comptables dont huit bénéficiaires après versement de mon salaire, j'y vais un peu fort en matière d'autoflagellation à propos de mon incompétence commerciale. Vous avez objectivement raison. Mon problème de développement commercial, puisque j'ai décidé de vous en décrire les péripéties par le menu, ne réside pas dans mes capacités objectives. Il vient plutôt de la combinaison de trois facteurs :

1. ma vision du monde*, dans laquelle « se » vendre dégage un parfum suspect,

2. ma peur du rejet,

3. les tentatives de solution* inefficaces que j'ai mises en place avec obstination pour éviter de me confronter aux deux premiers points.

En d'autres termes, mon incompétence commerciale est un problème de relation entre moi et moi-même, pas un manque de compétence soluble dans les injonctions (« allez, force-toi ») ou une formation, si excellente soit-elle.

J'ai pensé pendant des années que j'étais seule à avoir ce problème et je l'ai vécu honteusement jusqu'au jour où j'ai commencé à superviser des coachs. Pour une très large majorité, ils et elles souffrent du même mal. Une autre amie, business angel à ses heures perdues, m'a également confié qu'une bonne partie des projets d'innovation qu'elle accompagne pâtissent exactement du même travers. Focalisées sur la dimension « métier », la plupart des équipes qui portent ces projets négligent les aspects marketing et commerciaux, pourtant déterminants pour leur réussite.

Je ne me sens pas plus compétente pour autant, mais je me sens moins seule.

Ecoute Pierre, ça fait deux ans qu'on prend des cafés une fois par mois et je trouve ça un peu platonique…
Quand est-ce que tu me trouves une mission dans ta boîte?
Tesson

6

J'ai répondu à un appel d'offres de coaching

Ou comment j'ai investi à fonds perdus dans un processus commercial totalement factice.

Je reçois, par l'intermédiaire d'un copain, une invitation à répondre à un appel d'offres soumis au code des marchés publics. Ce grand groupe renouvelle son pool de coachs pour trois ans via un appel d'offres ouvert.

Tu me plais

Ravie et flattée d'avoir reçu cette invitation, je rédige un dossier de candidature tout pimpant. Objectif de ce premier tour : vérifier l'éligibilité de ma société à cette mise en concurrence. La constitution du dossier de candidature ne me prend que quelques heures. Et grâce à la dématérialisation des procédures d'appel d'offres, j'envoie mon dossier par voie électronique en quelques minutes. Ça change des pavés de papier qu'il fallait envoyer en recommandé il y a encore quelques années ! Je passe ce premier tour sans encombre, nous ne sommes plus que... deux cents candidats.

Vient maintenant le deuxième tour, rédiger un mémoire technique. Le cahier des charges étant assez large, je mobilise plusieurs partenaires aux profils complémentaires en vue d'une co-traitance. Mon but : créer une offre différenciante et adaptable à des demandes que je devine très hétérogènes. Nous montons une offre dont toute notre équipe est très fière. La totalité de mes partenaires étant des freelances comme moi, le temps investi dans cette opération est intégralement non rémunéré.

Choses sérieuses

Je demande à un ami anglais, acheteur, de s'improviser formateur pour savoir répondre aux différentes étapes de l'appel d'offres. Notamment, je veux me préparer pour l'oral qui est la prochaine étape. Il ouvre des yeux effarés quand je lui décris ce que je connais du processus. Ce qui l'étonne le plus, c'est que pour ce grand groupe français, le temps de travail semble être une ressource illimitée.

Je répète avec mes partenaires, listant les points clés à mentionner pendant l'oral, travaillant à faire ressortir nos forces... Tout le monde prend la chose très au sérieux. La charge de travail totale de toutes les personnes impliquées jusque-là dans la réponse à cet appel d'offres doit déjà friser les sept jours.

L'oral, reporté plusieurs fois pour cause de confinement, a finalement lieu en visioconférence devant un jury représentatif de toutes les entités du groupe. Accompagnée d'un de mes partenaires facilitateur graphique, je passe ce troisième tour avec les honneurs, puisque notre dossier fait partie des cinquante soumissionnaires toujours dans la course. Si nous n'avions pas été confinés, nous aurions sablé le champagne !

Argent, trop cher

Quatrième tour, les offres commerciales. Là encore, des heures de travail à réaliser le chiffrage de notre offre. Ça passe, encore une fois.... Mais nous sommes encore loin de la fin de cette course d'obstacles !

Me voilà convoquée à une téléréunion de « négociation commerciale ». L'acheteur me dit sans ambages que les tarifs, c'est les siens et rien d'autre. Quand j'évoque la possibilité d'une contrepartie, il me répond : « *Si vous n'êtes pas contente, j'ai d'autres candidats sous le coude.* » Ça a le mérite d'être clair, à défaut de correspondre à l'idée que je me fais de la négociation. En raccrochant, je me demande pourquoi ce groupe ne fait pas comme beaucoup d'autres pour lesquels je travaille, qui annoncent les tarifs dès le départ. Cela permettrait notamment à cet acheteur de gagner du temps... Celui-ci s'étant plaint pendant la conversation de ne pas être rémunéré à la hauteur de son temps de travail. À qui le dites-vous, monsieur le salarié...

Je revois et renvoie mon offre commerciale.

Je m'voyais déjà

Sixième et dernier tour, enfin, plus d'un an après le début de la procédure d'appel d'offres... Et quelque chose comme dix jours de travail pour mes partenaires et moi. Les trente heureux élus rencontrent un par un la responsable du coaching à l'université du groupe. Elle souhaite pouvoir pré-affecter chacun à des régions ou à des sujets particuliers.

Mon équipe et moi exultons. Ça y est, on a reçu l'avis d'attribution ! Nous avons enfin remporté cet appel d'offres !!! Nous ne sommes plus que trente prestataires à nous partager en exclusivité un marché interne de milliers de coachés potentiels. Autant dire la promesse de revenus réguliers ! D'autant que l'acheteur m'a précisé que le groupe doit faire travailler tous les titulaires, égalité de traitement oblige. Je promets à tous mes partenaires de rémunérer leur investissement sur la première mission que je vendrai.

On t'avait prévenue

Assez rapidement, je reçois une invitation à répondre à un nouvel appel d'offres. Pour du coaching d'organisation, cette fois. À la lecture du dossier de consultation, je me rends compte que ma société n'est pas éligible. Qu'à cela ne tienne, je sollicite un partenaire répondant aux critères administratifs. Celui-ci me répond, désabusé : « *J'ai passé des heures carrées à répondre aux appels d'offres de ce groupe et à les remporter, tout ça pour rien ou presque. Ni moi, ni aucun de mes collègues n'avons jamais rentabilisé notre investissement par le biais d'un marché cadre.* »

À bonne entendeuse.

Gaston y'a l'téléfon qui son...

L'évolution de la situation sanitaire me permet enfin de reprendre une activité en face-à-face à Paris. Je tente alors de joindre la responsable de l'université du groupe. Pas de réponse. Je lui envoie des idées d'intervention innovantes pour répondre aux enjeux du retour au bureau dans un monde hybride.

... mais y'a jamais person qui y répond.

Tourne tourne, petit moulin

Tous les un à trois mois, je reçois une demande de pièces administratives à mettre à jour sur le portail de la direction des achats. Non, je n'emploie pas de travailleurs clandestins. Oui, je dispose d'une assurance responsabilité civile. Voilà un Kbis à jour. Merci pour la quatrième mise à jour de votre procédure de facturation dématérialisée... Que j'ai hâte de tester avec une vraie facture. Pendant ce temps, le compteur de travail gratuit continue de tourner. Au ralenti certes, mais il tourne.

Un peu d'espoir

Un an après ma pré-affectation, je reçois enfin une demande d'entretien de la part d'une responsable RH d'une des filiales du groupe. Cette rencontre se passe on ne peut mieux. Ô joie, la dame semble enfin avoir des projets de coaching à me confier. Elle m'annonce une mise en contact très prochaine avec un directeur de site à coacher.

Puis, plus rien.

The sound of silence

Je tente de la recontacter, ainsi que la responsable coaching à l'université du groupe.

Pas de réponse.

Z'avez pas vu Mirza ?

Un jour, je reçois de l'université du groupe un mail envoyé à la cantonade. La maîtrise d'ouvrage souhaite savoir qui, parmi les trente titulaires du marché, est certifié dans l'outil Tartempion. Personne n'a gardé trace des compétences et outils de coaching que nous avons dû décrire dans les moindres détails dans nos réponses à l'appel d'offres ? Pas de bol, je ne suis pas formée à cet outil, ce que je réponds poliment par courriel.

Puis, plus rien.

En recevant ta lettre

Près de trois ans après le démarrage de cette folle aventure et deux ans après la signature de mon contrat, je reçois un mail de la direction des achats, m'invitant à signer une lettre de reconduction de mon contrat pour un an, moyennant l'envoi d'un tableau détaillé de toutes les prestations que mon groupement de partenaires a réalisées depuis notre référencement.

Cette fois, c'est moi qui suis sans voix.

Ça va pas être possible

Sur ces entrefaites, la responsable RH de filiale que j'avais rencontrée il y a un an me contacte. Elle me demande un lundi soir un entretien pour le mardi matin. Sa demande est tellement urgente qu'elle ne peut attendre trois jours que je sois rentrée d'un séminaire à l'étranger. Je jongle avec le décalage horaire pour trouver une demi-heure le lendemain matin. Là, ce qu'elle me demande me semble... sentir le moisi. Quand je lui demande si je peux m'entretenir avec la directrice demandeuse de ce coaching avant de rencontrer le cadre à coacher, elle se ferme et me répond sèchement qu'elle reviendra vers moi. En raccrochant, je sais déjà qu'il va falloir vérifier que cette demande est éthique* avant d'y donner suite, et que c'est loin d'être gagné.

Depuis, plus rien.

Je suis venu te dire que je m'en vais...

J'ai laissé passer la date limite de renvoi de ma lettre de reconduction. Mon entourage a bien essayé de me convaincre qu'alimenter le petit moulin à mises à jour administratives ne me coûtait pas grand-chose. C'est objectivement vrai. Le temps englouti dans cette affaire n'est plus la question. La question, c'est : quelles sont mes chances réelles de travailler pour ce groupe ?

Il ne vous aura pas échappé que la réponse est dans la question.

Je remercie Charles Aznavour, Def Bond et K-Reen, Nino Ferrer, France Gall, Serge Gainsbourg, Joyce Jonathan, Simon and Garfunkel, Soleil Noir, Téléphone, Zebda, ainsi que les comptines « Gestes et Paroles » de m'avoir aidée à rythmer cette interminable chronique.

7

J'ai tenté de travailler en freelance pour un cabinet

Ou comment j'ai réussi à combiner les inconvénients des statuts de salariée et d'indépendante.

Entre 2016 et 2018, la clientèle avec laquelle j'ai démarré mon activité a été décimée par une épidémie de coachite, une maladie étrange et très contagieuse qui transforme les acheteuses de coaching en coachs. À la rentrée 2016, je commence à envisager de me faire référencer comme vacataire dans des cabinets de conseil, le temps de me reconstituer une clientèle. À point nommé, Charlotte, une ancienne collègue, m'appelle de Singapour pour me proposer de travailler pour son cabinet. Son équipe intervient sur un créneau qui m'intéresse, j'ai un excellent souvenir de mes années d'apprentissage du conseil avec Charlotte comme manager… Banco.

Je commence par recevoir un accord de non-divulgation, qui exige le secret le plus absolu sur l'intégralité de nos échanges. C'est la première fois que je dois signer un tel document. Ça me change des cabinets français qui font du chantage à la confiance pour me faire bosser hors de tout cadre juridique ! Puis, je reçois un contrat qui me laisse perplexe. Je l'envoie à mon avocate qui le qualifie de léonin. « *T'es marrante Géraldine, faut bien bouffer* », lui réponds-je. Constatant qu'il ne sert à rien d'insister, Géraldine me donne quelques pistes de négociation. Elle raccroche en me disant que si ça se passe mal, je ne pourrai pas dire qu'elle ne m'avait pas prévenue. Mes tentatives de négociation sont accueillies avec une surprise amusée par le directeur financier du cabinet singapourien, qui cède sur deux-trois trucs mineurs pour m'aider à sauver la face avant de me faire comprendre fermement que son boulot, c'est pas tailleur sur-mesure. Je suis priée de prendre ou de laisser le reste, comme l'ont fait les quatre-vingts autres *associates*[3]

[3] Terme anglais pour « vacataire », à ne pas confondre avec « associé ».

qui travaillent pour le cabinet. Je réussis malgré tout à obtenir des honoraires corrects.

Ma première mission se passe mal. Je suis lâchée sans préparation dans une salle où une quinzaine de juristes s'affairent à préparer une riposte à un scandale financier visant leur entreprise, qui doit faire la une de la presse internationale le lendemain matin. Personne ne m'en dit rien évidemment car cela n'a rien à voir avec l'ordre du jour de l'atelier que je dois animer, mais l'animosité que je sens dans la salle me cloue le bec. Ne comprenant pas ce qui se joue, je préfère redonner la main à Richard, mon chef de projet, qui connaît le projet et l'entreprise cliente sur le bout des doigts. Dans le hall de l'hôtel où nous débriefons à chaud avant de repartir pour l'aéroport, Richard m'explique sèchement que, jamais au grand jamais, je ne dois perdre la main dans une animation et que je viens de commettre une faute. Je n'ai (déjà) plus droit à l'erreur. Je passe cinq heures dans la salle d'attente de l'aéroport de Stockholm, pendant que Richard bosse sur autre chose en me tournant le dos et qu'une tempête de neige empêche mon avion d'atterrir. Au retour, Richard me fait dépouiller les évaluations du groupe de juristes, qui ne sont pas tendres avec moi. Au cas où j'aurais pas compris.

Ma seconde mission se passe mieux, notamment parce qu'il se passe un événement dramatique dans l'entreprise cliente qui change significativement le cadre de notre intervention. Personne, au sein du cabinet, ne se sent de prendre en charge cette nouvelle donne à part moi. À partir de ce moment-là, mes chefs me foutent une paix royale et me donnent même un accès direct à la direction générale. Un privilège auquel mes collègues n'ont pas droit.

Pour toutes mes missions ultérieures avec ce cabinet, les *associates* sont mis en concurrence les uns contre les autres, isolées les unes des autres pour ne surtout jamais se coaliser ou faire preuve de la moindre solidarité ; mon agenda est régulièrement bloqué par l'équipe de planification pendant des semaines pour être vidé sans indemnités avec vingt-quatre heures de préavis ; le cabinet me demande de stocker, à mes frais dans mon appartement parisien, des mètres cubes de documentation qu'il me fait livrer à l'autre bout de Paris, parce que c'est moins cher, charge à moi d'assurer les derniers kilomètres à mes frais ; une associée me fait traduire toute leur documentation commerciale en français puis refuse de me payer ce travail qui m'a demandé des jours ; la patronne du cabinet a des comportements en contradiction flagrante avec ce qu'elle prêche à ses clients... Les inconvénients de la vie de salariée avec la précarité du statut de freelance. Le bonheur, quoi.

Ça a duré quatre ans comme ça et vu la fréquence décroissante de leurs commandes, je voyais bien que le désamour était mutuel. Ces partenaires m'ont donné une dernière chance au début du Covid, pour animer des ateliers de formation en visio. Je n'étais pas encore familière avec l'animation en ligne, mais surtout, j'étais très mal à l'aise avec le discours que j'étais censée délivrer, qui me semblait relever du foutage de gueule XXL. Ma première animation est médiocre. Je reçois un coup de fil de Charlotte qui me dit, gentiment mais fermement, que son client n'est pas content. Elle me donne une deuxième chance, mais pas trois (la formule magique pour me paralyser). La fois d'après, au lieu de passer de « médiocre » à « passable » ce qui serait logique compte tenu de la nouveauté de l'exercice pour moi, je reste tétanisée et Charlotte doit animer à ma place. J'ai fini par jeter l'éponge en plein confinement, au moment où les freelances du monde entier se demandaient comment survivre à un été qui s'annonçait meurtrier.

Paradoxalement, je dois beaucoup à cette désagréable expérience : elle m'a permis de me remettre à l'anglais, que je n'avais pas pratiqué professionnellement depuis vingt ans, et de me familiariser avec la visioconférence quelques précieuses semaines avant que toute la planète ne s'y mette. Ce sont ces deux éléments – l'anglais et la maîtrise, un quart d'heure avant la meute, de la pédagogie en ligne – qui m'ont permis de faire décoller mon activité à l'international en plein Covid.

ERREURS MARKETING

8

J'ai écrit un livre sans stratégie marketing

Ou comment j'ai appris à faire attention au contexte avant de transposer des recettes toutes faites.

Quand j'ai créé ma société en 2013, j'ai eu l'occasion de travailler avec Stéphanie, une ingénieure pédagogique remarquable qui était par ailleurs directrice de collection dans une maison d'édition de livres professionnels. Très gentiment, elle m'a invitée à publier dans sa collection.

En 1994, la publication de mon premier livre[4] avait propulsé ma carrière dans un grand cabinet de conseil français. Je n'avais certes que mon bac mention tout juste passable pour tout diplôme, mais entre mon aura de joueuse de Go et mon livre qui s'est vendu à plus de huit mille exemplaires, j'avais gagné le droit d'être traitée comme n'importe quelle autre consultante (à part le salaire mais c'est une autre histoire). Mieux, j'étais devenue une sorte de mascotte que mes chefs emmenaient co-animer des séminaires de dirigeants - désolée pour cette entorse à mes efforts d'écriture inclusive, mais je ne me rappelle pas y avoir croisé de femmes. Ces messieurs trouvaient fort chic de s'initier au jeu des élites économiques japonaises à l'heure du pousse-café. Vous me croirez ou non, je garde de cette époque un souvenir très privilégié. J'étais parfaitement consciente de provoquer de la jalousie parmi mes pairs, dont les compétences plus classiques faisaient beaucoup moins rêver et les cantonnaient à des missions moins prestigieuses.

Lors donc, dans mon esprit, publier un livre, c'était la gloire assurée. Vingt ans plus tard, au moment où je quittais l'anonymat du portage salarial pour créer ma propre marque, une nouvelle publication constituait une opportunité à ne pas laisser passer. Stéphanie et moi n'avons eu aucun mal à nous mettre d'accord sur un sujet. Je venais de

---

[4] Francis Touazi et Cécile Gevrey, *Management d'entreprise et stratégie du Go*, Nathan, 1994.

concevoir et d'animer une conférence sur le thème de la communication non-verbale avec un angle original, qui avait beaucoup plu à son public. Emballée, Stéphanie m'a tout de suite donné son feu vert. Comme vingt ans auparavant, j'ai passé mes vacances d'été à rédiger, me levant à quatre heures du matin pour écrire à la fraîche avant de passer la journée dehors. Dès la rentrée, les allers-retours avec la maison d'édition ont démarré : épreuve bleue pour le fond, rose pour les corrections, blanche pour le bon à tirer... Tout se passe lentement à mon goût, mais très bien. L'éditrice qui chapeaute la collection de Stéphanie nous donne même un précieux coup de main pour trouver un titre[5]. Le livre sort enfin en mars 2014. J'aurais pu l'intituler *La vie devant moi*, tant je plaçais d'espoirs dans la notoriété qu'il allait m'apporter.

Dès la sortie, je me rends compte que, contrairement à mon premier livre dont les relations presse avaient été assurées par l'excellente attachée de presse de Bossard Consultants, l'intégralité de la promotion du livre va être à ma charge. L'attaché de presse de la maison d'édition m'explique benoîtement que non, ce n'est pas son rôle de contacter les journalistes mais le mien, que les invitations sont à ma discrétion c'est-à-dire à ma charge, mais qu'il est ravi de mettre la librairie de la maison à ma disposition pour le cocktail de lancement... Lequel est, lui aussi, à ma charge. Je me souviens avoir fait des allers-retours entre mon Monoprix de quartier et le boulevard Saint-Germain avec ma charrette de marché remplie de bouteilles de champagne, de flûtes en plastique et d'amandes salées pour une centaine de personnes. Budget ? Supérieur à la totalité des droits d'auteur que j'ai touchés sur ce livre. Mais bon allez, ne soyons pas mesquine, ce livre n'était pas censé me faire gagner de l'argent, mais de la notoriété.

Faute d'un fichier de noms de journalistes, j'envoie mes dix exemplaires d'autrice à des personnes qui, j'espère, m'aideront à en contacter. Pas de réponse. Bon, il faut dire que je n'ai pas jugé élégant de demander explicitement l'aide que je réclame. Ces gens ne sont pas idiots, ils savent bien ce que j'attends et n'ont pas besoin que je leur écrive les sous-titres. Éducation tradi quand tu nous tiens...

Je demande à mon développeur web de l'époque de mettre mon livre en avant sur la page d'accueil de mon site internet, qui doit vaillamment recevoir dix visites par mois. Sans aucun effet, évidemment. Alarmée par mes chiffres de vente, Stéphanie me conseille d'acheter mon livre par paquet de cent et de les vendre comme produit dérivé de mes

[5] Cécile Guinnebault, *Et si je faisais bonne impression, communication non-verbale mode d'emploi*, Eyrolles, 2014.

interventions, comme mon livre « Go et management » avait été offert à tous les participants de mes séminaires « Go et management ». Ah oui mais... la communication non-verbale, même stratégique, c'est pas mon fonds de commerce. C'est, on va dire, un outil. Précieux, subtil et indispensable, mais un outil. Je suis executive coach, moi ma bonne dame. Pas conférencière ou formatrice en communication ! Et je n'ai aucune intention de me laisser enfermer dans cette case beaucoup trop étroite pour moi ! Par conséquent, mes clients n'ont aucune raison d'offrir mon livre à leurs cadres à la fin des coachings d'équipe que j'anime, puisque ce n'est pas sur ce sujet qu'ils me font intervenir. Caramba !

Bref, j'ai découvert, mais un peu tard, que les deux leviers qui avaient fait le succès de mon premier livre - une attachée de presse bien introduite et des occasions de le vendre comme un produit dérivé de mes interventions – me manquaient cruellement. Quant à faire ma propre pub sur LinkedIn, qui n'était pas encore, à l'époque, le gigantesque panneau publicitaire qu'il est devenu... Pas question ! L'autopromo, c'est d'un vulgaire... Et mon titre de continuer à prendre l'eau au fond du classement de la collection dirigée par Stéphanie.

J'ai bien eu les honneurs de La Manche Libre, à tel point que ma poissonnière du marché d'Avranches a bruyamment fait savoir à toute sa clientèle qu'elle servait une célébrité locale en emballant des filets de merlu dans une page de journal, avantageusement ornée de mon portrait. Ma fidèle libraire avranchinaise a gardé mon livre des mois sur son comptoir, répétant chaque semaine : « *Il bouge votre livre, il bouge !* ». À tout casser, elle a dû en vendre cinq.

Bon, en vrai. À ce fameux cocktail de lancement, un copain d'enfance est venu. Alors que nous achevions la soirée dans un resto indien, il m'a demandé une proposition pour la conception et la conduite d'un projet d'entreprise dans l'établissement dont il venait de prendre la direction. Cette grosse commande m'a permis de lancer mon activité, de me verser mes premiers salaires et d'accumuler la trésorerie grâce à laquelle j'ai pu survivre aux trois années de vaches maigres qui ont suivi la fin de ce projet.

Voilà à quoi ça m'a menée de vouloir transposer une recette qui avait marché dans un contexte* bien précis à un nouveau contexte, sans prêter attention aux différences entre les deux. Mais vous allez voir, en matière de marketing, je n'étais pas au bout de mes tentatives de solution*.

9

Je me suis formée pour le seul plaisir d'apprendre

Ou comment j'ai compris qu'en matière de formation, pour beaucoup de monde, l'étiquette compte plus que le contenu.

Entre 2016 et 2018, la presque totalité de la clientèle avec laquelle j'avais démarré mon activité s'est retrouvée hors d'état de me faire travailler. Les personnes qui passaient commande en direct se sont fait priver de ce pouvoir par des fonctions support bien intentionnées ; des responsables RH ont quitté leur poste en entreprise… pour devenir coach ; d'autres encore ont fait qui un bébé, qui un burn-out. Pour moi, c'était la bérézina. J'avais beau faire tout ce que je pouvais pour me faire recommander, ma capacité de renouvellement de ma clientèle n'arrivait pas à endiguer l'hémorragie.

Me voyant fort déprimée, mon expert-comptable m'a dit en substance : « *Vous manquez de clients, mais vous avez de la trésorerie et du temps à ne plus savoir qu'en faire. Profitez-en pour vous former. C'est un investissement dont votre entreprise bénéficiera tôt ou tard* ». Accessoirement, ça m'évitait de rester chez moi des journées entières à broyer du noir.

J'avais bien remarqué que les écoles de coaching commençaient à fleurir mais leurs programmes, que je jugeais généralistes et superficiels, n'avaient pas grand-chose à m'apprendre après quinze ans de pratique autodidacte. J'ai donc choisi de me former à l'approche systémique et stratégique de Palo Alto*, dont j'entendais parler depuis quelques années et qui me paraissait sérieuse. Mettant à profit le précieux conseil de mon expert-comptable, j'ai fait à peu près tout le cursus en dix-huit mois. À l'époque, l'école où je me suis formée était peu intéressée par le business des diplômes. Partant, elle était inconnue de la plupart des prescriptrices et donneurs d'ordres* de coaching. J'en ai fait l'amère expérience dans un grand cabinet de conseil anglo-saxon où j'avais été recommandée par un des associés en personne.

Voyant que j'étais recommandée par quelqu'un à qui personne n'aurait jamais osé dire non, Markus, le responsable du développement des RH, répond à mon premier mail dans les vingt-quatre heures et me donne rendez-vous dans la semaine. Il me reçoit chaleureusement avec une de ses collègues. Je reçois cinq sur cinq le message implicite selon lequel je suis priée de m'émerveiller auprès de mon sponsor de l'ambition et du professionnalisme de son cabinet en matière de learning & development.

Après deux heures et demie de discussion à bâtons rompus autour de nos expériences respectives du coaching, Markus me dit, avec une franchise toute germanique : « *Votre expérience ça va, je vois bien que vous avez du métier. Mais votre formation... Je suis allé sur le site de votre école... Qu'est-ce que c'est que ce truc de psy baba cool ? Cette formation n'est accréditée auprès d'aucune fédération de coaching, même pas au RNCP... Je vais vous référencer parce que vous m'avez l'air de quelqu'un de très bien – merci patron, NDLR – mais un conseil d'ami : si vous voulez être crédible en tant que coach professionnelle, retirez cette mention de votre CV et courez vous faire certifier dans une école de coaching digne de ce nom. Parce qu'avec ça, vous vous faites du mal.* »

J'étais vexée comme un pou, et ce d'autant plus que mon interlocuteur me renvoyait à un principe élémentaire de la communication que je m'évertuais à ignorer jusque-là : c'est le récepteur, et non l'émetteur, qui donne le sens au message. En sous-texte, sa réaction me disait que quelles que soient son efficacité et sa rigueur épistémologique, l'école de Palo Alto n'en avait pas fait assez pour se faire connaître du grand public et acquérir la crédibilité qu'elle méritait... Surtout dans le monde du développement RH en entreprise, qui adore suivre les modes et déteste prendre des risques.

Ce cabinet m'a mise en concurrence deux fois pour des coachings. Le premier consultant m'a trouvée « insuffisamment outillée » et la seconde a regretté mon manque de « méthodes et outils de coaching éprouvés ». Dès lors, Markus pouvait à bon droit répondre à mon sponsor, si jamais ce dernier s'inquiétait de mon sort, qu'il avait fait tout ce qui était en son pouvoir pour m'aider, mais que mon profil ne correspondait pas aux attentes de la maison.

J'ai résisté pendant encore deux ans avant de suivre la recommandation de Markus, tellement ça me faisait suer de devoir rentrer dans le moule de plus en plus conformiste du marché du coaching. Mais bon, avec mes petits bras musclés et l'inimitable talent commercial que vous me connaissez, je n'étais pas de taille à braver la loi du marché. Quoi qu'il en soit, toutes les formations, tous les certificats et toutes les accréditations du monde ne m'ont jamais permis de dépasser 10 % de taux de succès dans les mises en concurrence que les DRH organisent entre coachs. J'ai toujours eu l'impression d'y être comme une pensionnaire de Madame Claude, convoquée au salon pour permettre au client de faire son choix. Un copain canaille à qui je faisais part de cette image peu flatteuse de cet aspect de mon métier m'a rétorqué, taquin : « *Ah mais ça ma belle, c'était l'époque où les bordels savaient recevoir !* »

Vous qui me lisez avec attention, vous aurez noté la remarquable permanence de l'association entre autopromotion commerciale et prostitution dans les plis et replis de ma vision du monde*. C'est pas avec ça que je vais devenir millionnaire.

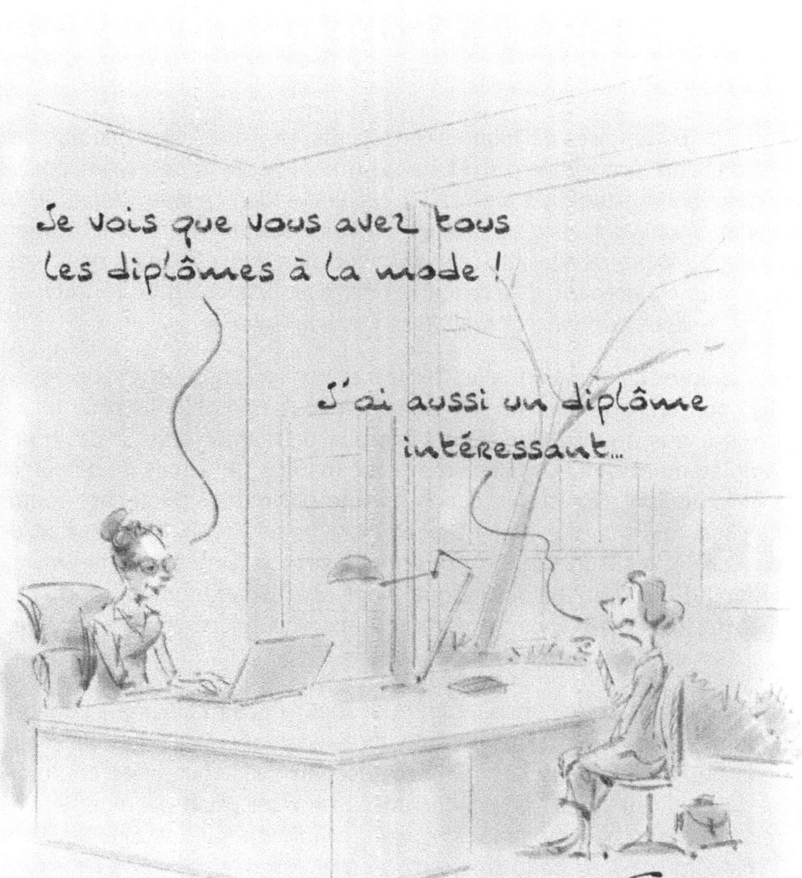
Je vois que vous avez tous
les diplômes à la mode !
J'ai aussi un diplôme
intéressant...
Tesson

10

J'ai développé une stratégie de contenu

Ou comment j'ai envoyé des tas de flèches soigneusement taillées à côté de la cible que je visais.

Après deux exercices déficitaires consécutifs, mon cher expert-comptable, me dit, l'air préoccupé : « *Madame Guinnebault, à ce rythme, vous pouvez encore tenir un an, mais c'est la dernière année. Vous battez certainement le record de France d'investissement dans la formation. Je vous félicite de suivre si assidûment mes conseils mais point trop n'en faut. Maintenant, il va falloir vendre des missions pour rentabiliser votre investissement... Et viabiliser votre activité.* »

Mes clientes continuaient à quitter le salariat en rangs serrés. Je voyais bien que les qualités qui m'avaient aidée à m'établir comme coach dix-sept ans auparavant sur un marché balbutiant étaient devenues complètement caduques sur un marché mature. Je venais de démarrer une formation d'executive coach qui me permettait de cocher toutes les cases qui me manquaient jusqu'alors, mais j'avais l'impression de faire cet effort trop tard... je déprimais sévère. Une amie, me voyant au fond du trou, m'a alors recommandé une consultante en marketing pour m'aider à me repositionner sur le marché du coaching et à trouver des manières de me développer.

Je connaissais cette consultante, Aude, pour l'avoir coachée à l'époque où elle était salariée. J'avais toute confiance dans ses compétences et nous nous entendions bien. Elle m'ausculte sous toutes les coutures, me fait travailler sur ma concurrence, ma cible, mon positionnement, et conclut son accompagnement par : « *Aujourd'hui, les indépendants comme toi se font connaître par internet. Tu as la chance de savoir écrire, tu es la candidate parfaite pour adopter une stratégie de contenu. Tu vas créer un blog et saisir toutes les occasions pour prendre la parole sur des sujets qui intéressent ta cible.* » Aude me donne un plan pour mon site internet, des outils de stratégie éditoriale, et ajoute : « *Je te donne les coordonnées d'un gars qui s'occupera de ta prospection commerciale. Tu verras, il est très efficace.* »

Alors pour la stratégie de contenu, j'étais à fond. Ayant dépensé tout mon budget d'investissement avec Aude, je me mets toute seule à WordPress et moyennant un coup de main technique de mon informaticien de mari, je mets en ligne mon blog Bridge the Gap Coaching le 1er janvier 2020, quelques mois avant d'être, enfin, officiellement diplômée.

Pour découvrir mon blog

https://eqrco.de/a/kwxH4h

Pour la prospection, en revanche, j'étais beaucoup moins enthousiaste. J'ai bien eu un rendez-vous avec son partenaire, vingt minutes en visio à l'arrache, un contact brutal et sans chaleur avec un mec assis sur un coin de lit dans une chambre d'hôtel anonyme, dont la proposition m'a fait froid dans le dos : inonder mes prospects d'emailings jusqu'à ce qu'ils craquent. Le salon de Madame Claude, à côté, c'était le grand luxe.

À l'occasion d'un de nos rendez-vous de suivi, Aude me demande des nouvelles de ma prospection.

- Écoute Aude, j'aime trop mes clients pour leur faire subir des pratiques commerciales que moi-même, je trouve insupportables.

- C'est désagréable, certes, mais ça marche !

- Merci, mais non merci.

- C'est toi qui vois, hein.

J'ai blogué des brèves de coaching toutes les semaines pendant trois ans, espérant toucher des DRH, qui figuraient en nombre dans mes contacts. LinkedIn devenait petit à petit une sorte de champ de foire digital où il convenait de s'agiter pour se signaler à l'attention des prospects, dont acte. Je me suis agitée, et l'audience - modeste - que j'ai rassemblée autour de mon blog s'est avérée constituée principalement... de coachs, qui trouvaient que ce que j'écrivais sur le coaching systémique était vachement bien. C'est du reste par ce biais que j'ai reçu mes premières demandes de supervision. Deux clientes en trois ans pour un blog qui me prenait une journée à une journée et demie par semaine plus une demi-journée d'animation de mon compte LinkedIn... Pour paraphraser une de mes clientes chéries, c'est pas avec ça que j'allais me sortir le cul des ronces.

Et pendant tout le temps que je passais à écrire, je n'allais pas me confronter à des vrais clients...

11

J'ai dépensé une fortune pour un beau site internet

Ou comment je me suis enfoncée dans ma stratégie d'évitement* de l'inévitable.

Après trois ans de traversée du désert, mon activité a repris du poil de la bête en plein Covid, pour des raisons qui n'ont pas grand-chose à voir avec mes efforts marketing. Dans mes formations en Angleterre, j'avais rencontré des partenaires qui avaient besoin d'une formatrice et coach française et anglophone pour être éligible à un appel d'offres international. J'avais également fait affaire avec une DRH anglaise qui cherchait une coach bilingue pour les filiales francophones de sa boîte. Par ailleurs, mon expérience avec le cabinet singapourien de Charlotte[6] m'avait poussée à me former, au tout début de l'épidémie de Covid, à la pédagogie interactive en ligne.

Les programmes d'executive development sur lesquels je travaillais alors étaient tous aux abois : pour survivre, ils devaient se transformer radicalement pour offrir une expérience en ligne comparable à celle qu'ils offraient en salle. Or, quiconque a essayé de transposer directement les modalités pédagogiques de la salle au virtuel s'est cassé les dents. C'est là que ma formation à l'ingénierie pédagogique en ligne a fait merveille, car la plupart des directrices de programme qui m'employaient ne possédaient pas mes compétences en la matière. J'ai bossé comme une dingue entre mi-2020 et fin 2021, puis le monde entier s'est adapté. Mon expertise, nouvelle et rare à l'été 2020, est devenue banale en l'espace de quelques mois.

C'est très consciente de l'obsolescence accélérée de mes savoir-faire que j'ai voulu tirer parti des bénéfices engrangés pendant cette période. Je venais d'avoir cinquante ans, l'âge fatidique auquel les femmes deviennent invisibles, j'avais déjà fait l'expérience de l'obsolescence de

---

[6] Voir chronique n° 7 : J'ai tenté de travailler en freelance pour un cabinet.

mes compétences sur le marché du coaching pendant les trois années précédentes... Il fallait absolument que je prépare l'avenir si je voulais tenir encore quinze ans comme indépendante. Je vous mets au défi de trouver ce raisonnement infondé. Cela étant, ce n'est pas parce qu'un objectif est légitime que la manière d'y parvenir est pertinente, la preuve.

Je rappelle donc Aude et lui demande si elle peut me recommander un webdesigner pour donner un tour plus professionnel au blog que j'ai bricolé deux ans auparavant. Elle m'envoie les coordonnées d'un partenaire en qui elle me dit avoir toute confiance. Je montre mon site au webdesigner – l'archétype du geek pas hyperdoué relationnellement, mais bon, chacun son talent - lui explique ce que je veux et lui montre le plan de site qu'Aude m'avait fait deux ans auparavant. Il revient la fois d'après avec une maquette de site qui n'a rien à voir avec ce que je lui ai demandé. L'accent est mis sur l'offre commerciale, que je n'ai jamais développée puisque je fais du sur-mesure. Quant aux couleurs, les gris perle et rouge framboise que je lui ai indiqués se sont transformés en violet aubergine et rose fuchsia. Non mais allô, quoi.

Je rappelle Aude pour m'étonner du manque d'écoute de son designer et lui demander conseil. « *Oh tu sais, la maquette qu'il te propose, c'est comme ça qu'on fait les sites maintenant. C'est sûr que ça te demande de développer la partie commerciale, mais une fois que tu sais exactement ce que tu veux, c'est un excellent exécutant.* »

Ce que je voulais, c'était refaire la mise en page de mon blog. Vous savez, celui qui m'avait rapporté deux clientes en trois ans. Là, il me fallait tout réécrire pour me conformer à cette nouvelle structure commerciale. Et je me retrouvais, pour la énième fois, devant la terrifiante question : « *Que vends-tu ?* »

Petit extrait de mon monologue intérieur de l'époque, sans filtre :

- Mais putain de bordel de merde ! Un coaching ça ne se vend pas, ça s'achète !

- Oui oui... Ça, c'est ce que racontent les profs dans les écoles de coaching. Tu sais, ces gens qui prêchent la bonne parole du coaching et vivent de la formation...

- M'enfin, la base d'une relation de coaching, c'est le besoin de changer ! Si je pousse mon offre, ce sont mes intérêts que je sers, pas ceux de ma clientèle !

- Tu as parfaitement raison. Et pendant ce temps-là, des coachs qui se sont astreints à choisir une cible et un positionnement clairs s'installent chez tes clients. Aujourd'hui, tu peux encore vivre correctement comme un tailleur sur-mesure de ton activité de coach à l'ancienne, mais tu sais très bien que si tu ne prépares pas maintenant le renouvellement de ta clientèle en t'adaptant au goût de l'époque pour les produits brandés et packagés, tu vas tôt ou tard te retrouver le bec dans l'eau. Brand desirability, ça te parle ?

- Je ne suis pas un sac à main !

- Tant pis pour toi...

Après quelques tentatives supplémentaires, j'ai fini par comprendre que ce n'était pas ce webdesigner, quelles que soient ses qualités techniques, qui allait m'aider à résoudre mon problème. Aude, quant à elle, m'a fait savoir qu'elle avait fait ce qu'elle pouvait pour moi. J'ai donc mis fin à cette collaboration, délestée de quelques milliers d'euros et sans aucun livrable exploitable.

La fuite, c'est parfois et même souvent une très bonne solution, si j'en crois les documentaires animaliers, les expériences du Docteur Laborit[7], ou même, mes maîtres de Go. Mais là, après avoir couru pendant des années pour échapper aux questions lancinantes de mon positionnement marketing et de mon développement commercial, j'étais à bout de souffle. Plus j'essayais de les fuir, plus elles venaient me hanter. Et plus je trouvais des stratagèmes pour leur échapper, plus je me persuadais que je ne serais jamais capable d'y répondre. Le cercle vicieux parfait, celui-là même que vous trouverez dans tous les bons bouquins de coaching systémique et stratégique*... Et dont je n'étais, pour ma part, pas encore prête à me libérer.

[7] Une partie de ces expériences est mise en scène dans *Mon oncle d'Amérique*, un film d'Alain Resnais, 1980.

12

Je me suis formée au marketing digital

Ou comment j'ai poussé la logique d'évitement* jusqu'à l'absurde

Puisque j'avais opté pour une stratégie de contenu et que j'avais un blog qui commençait à être bien fourni, je suis allée voir du côté du référencement éditorial. Je n'avais pas besoin de nouveaux clients à très court terme, mais je voulais à tout prix éviter de revivre le cycle de perte de ma clientèle qui m'avait laissée trois ans sur le carreau. Développer ma notoriété sur le net grâce à des contenus optimisés m'est alors apparu comme la solution ultime pour m'épargner le supplice de la prospection.

Une copine, qui s'était mise à son compte peu de temps auparavant, m'avait parlé avec enthousiasme d'une formation qu'elle avait suivie pendant trois mois, auprès d'une super pro du SEO[8]. L'animatrice de cette formation était par ailleurs conseil en marketing, et faisait régulièrement travailler la nouvelle webdesigner que m'avait également recommandée ma copine. Ça ressemblait à l'écosystème parfait.

J'ai donc suivi avec assiduité cette formation, fait tous les exercices, y compris quand je les trouvais surdimensionnés pour mon activité. Dès les premières semaines, les statistiques de référencement et de fréquentation de mon blog ont progressé nettement. Un de mes articles a même conquis la place très convoitée de n° 1 sur Google. Semaine après semaine, j'optimise tous mes articles, pour faire progresser leur référencement. Mon lectorat progresse, progresse, mais toujours

Lire l'article *Ce que le jeu de Go apporte (vraiment) au management*

https://eqrco.de/a/axlDyl

[8] *Search Engine Optimization* : « L'art de positionner un site, une page web ou une application mobile dans les premiers résultats naturels des moteurs de recherche. En français, le SEO est désigné par le terme de référencement naturel » (L'encyclopédie illustrée du marketing).

pas de nouveaux clients. En parallèle, l'animatrice de la formation a fini par m'inculquer quelques bases du marketing, et je me suis résignée à me faire coacher pour construire une offre digne de ce nom.

J'ai passé l'année enchaînée à mon ordinateur, optimisant laborieusement mes articles de blog qui perdaient en style ce qu'ils gagnaient en densité de mots-clés, écrivant des pages et des pages d'offres pour mon nouveau site internet. Tout ça dans l'espoir que la lecture de mon blog amènerait des prospects sur mes pages de vente, puis à me contacter. En réalité, et j'avais été dûment alertée sur ce point par un des participants à la formation que j'avais décidé de ne pas écouter car il me prenait d'un peu trop haut, je cherchais à parler à des managers et des DRH, et c'étaient toujours des coachs qui me lisaient.

À la fin de l'année, j'étais cuite. Un an de coûteux efforts pour régénérer ma clientèle via un site internet qui cochait toutes les cases ne m'avait pas apporté la moindre commande. Walou. Autour d'une tasse de thé fumé et d'un scone à la crème sur les hauteurs de Richmond Park, une amie marketeuse, à qui je fais part de mon désarroi, me demande :

- De combien de nouveaux projets as-tu besoin par an, via ton site ?

- Bah, je dirais... deux. En fait, aujourd'hui je gagne correctement ma vie, c'est pour me diversifier et préparer l'avenir que je fais ça. J'ai déjà vécu un cycle de perte de ma clientèle il y a quelques années, et je suis terrifiée à l'idée de me retrouver dans la même situation.

- Tu as raison d'être prévoyante... Et... Tu ne crois pas qu'un tiers de ton temps de travail pour deux missions par an, c'est un peu disproportionné ?

Voilà voilà...

Moi qui, d'ordinaire, ai la plume bien pendue, je démarre l'année suivante sans la moindre énergie pour nourrir l'ogre LinkedIn. Je publie un post teinté d'autodérision, auquel une de mes anciennes clientes réagit immédiatement :

- Cécile, vous voilà en burn-out, je l'avais vu venir.

- Eh bien, Jacqueline, vous avez été plus clairvoyante que moi...

- Voulez-vous que je vous donne mon feedback ?

- Bah, au point où j'en suis...

- Voilà. Moi, je vous ai repérée parce que vous écriviez des trucs originaux sur le coaching. C'était (im)pertinent, généreux et bien écrit. J'aimais votre style cash et iconoclaste. Mais depuis que vous faites de la pub, vous m'avez perdue. Pardon, hein, mais vos articles sont devenus chiants.

Blessée par ce retour pourtant fort juste, qui me collait la torgnole de trop dans un moment de découragement intense, j'en ai au moins tiré une leçon : ne jamais demander ou accepter de feedback quand je ne suis pas en état de le recevoir.

En attendant, ce n'était pas ce jour-là que j'allais me réconcilier avec le marketing. Je n'ai plus écrit une ligne pendant quatre mois, m'interdisant d'écrire le moindre mot tant que le désir d'écrire ne me brûlerait pas les doigts. Quitte à être en panne, autant me prescrire mon propre symptôme*, à savoir quelques mois d'abstinence. Là encore, ça m'a fait le plus grand bien de m'appliquer ce que je prescrivais à mes clients, et d'en mesurer l'efficacité. Redoutable.

13

J'ai décroché la timbale au moment où je ne m'y attendais plus

Ou comment j'ai enfin abandonné mon but conscient*.

Attachée mordicus à l'idée que j'ai besoin d'un marketing efficace pour pérenniser mon activité, je décide de déléguer une fois pour toutes. Aux grands maux les grands remèdes, je prends rendez-vous avec une star du secteur. Personal branding tonitruant, des centaines de milliers de followers sur tous les réseaux sociaux de la Terre, une présence médiatique qui frise l'ubiquité, des partenariats à gogo avec tout ce que l'écosystème des réseaux sociaux compte de nouvelles offres... Bref, la Rolls-Royce du marketing digital, le Freddy Mercury de LinkedIn. Tiens : je vais l'appeler Freddy.

En quelques clics à partir de son profil, je suis dirigée fort efficacement vers le site d'une de ses sociétés, puis son calendrier électronique. Les délais sont dignes d'un professeur de médecine ? Bah, c'est la rançon de la gloire. Les honoraires, payables d'avance évidemment, rivalisent avec ceux d'un senior partner des Big Four[9] ? C'est un talent, de savoir fixer ses tarifs en fonction de ce que la clientèle est prête à payer. Freddy, qui a l'âge d'être mon fils, me tutoie sans me demander mon avis dès nos premiers échanges privés sur LinkedIn ? J'aime pas qu'on se passe de mon consentement, mais allons allons ma vieille, à la guerre comme à la guerre.

Quelques minutes après avoir enregistré ma réservation, je me rends compte d'un conflit d'agenda. Je décale immédiatement mon rendez-vous d'une heure dans l'agenda électronique de Freddy et lui laisse un mot sur LinkedIn pour confirmer le changement.

Le jour de ce rendez-vous très, très attendu arrive enfin. J'ai eu des semaines pour préparer mes questions et les ai envoyées à Freddy la

---

[9] Expression désignant les quatre plus grands cabinets d'audit financier et de conseil au niveau mondial : Deloitte, Ernst & Young, KPMG et Price Waterhouse Coopers (Wikipédia).

veille de notre rencontre. Je démarre ma journée par la réunion client qui m'avait fait déplacer le rendez-vous et là, en pleine animation, je reçois une pluie de messages de Freddy, qui s'est connecté à l'heure que j'avais initialement réservée. Il n'a pas été notifié de mon changement d'horaire ; le mot que je lui ai laissé n'est pas une preuve recevable ; il enchaîne l'heure suivante avec quelqu'un d'autre. Bref, c'est maintenant ou rien. Que je me connecte avant la fin de l'heure si j'y arrive.

Je parviens tant bien que mal à me libérer une demi-heure plus tard. Freddy, qui a dû passer à autre chose, me fait poireauter dix minutes dans sa salle d'attente virtuelle. Quand il me laisse enfin entrer, je suis à peu près dans le même état que Monsieur De Mesmaeker[10] attendant que Gaston ait terminé de nourrir sa mouette. Freddy repart bille en tête dans des justifications contractuelles alors que je n'attends déjà plus rien d'autre que de consacrer le temps qui nous reste à la consultation pour laquelle je le sollicite. Ne voyant pas arriver la fin de sa logorrhée, je l'interromps sèchement :

- Il nous reste moins de vingt minutes. Pour le prix que j'ai payé, j'aimerais bien qu'on avance.

- Alors ça, ça va pas être possible. Moi, je t'accueille avec quarante minutes de retard, je te fais une faveur. Personne ne m'a jamais agressé comme ça.

Sur l'écran noir où je reste seule une fois que Freddy s'est déconnecté sans autre forme de cérémonie, mon visage congestionné ressemble à s'y méprendre à celui de Monsieur De Mesmaeker, découvrant ses précieux contrats déchiquetés par la mouette de Gaston Lagaffe. Raaaaaah, gnngni[11]...

Après m'avoir signifié par mail que je recevrais le remboursement intégral de ma consultation mais que quand même, jamais personne ne l'avait agressé comme ça, Freddy n'a plus jugé utile de donner suite à mes demandes de facture, ses reçus ne correspondant pas au format recevable en comptabilité française. Mais rogntudju[12], avec des tarifs pareils, il ne peut pas se payer un système de prise de rendez-vous et de facturation qui tienne la route ?

---

[10] Monsieur De Mesmaeker est un personnage de la bande dessinée *Gaston Lagaffe* d'André Franquin. Il s'agit d'un puissant homme d'affaires qui doit signer d'importants contrats avec *le Journal de Spirou*, sans jamais y parvenir (Wikipedia).

[11] Je cite Franquin dans le texte.

[12] Toujours Franquin dans le texte.

Faire subir à mes clients le même gouffre entre promesse et prestation, même pas en rêve. En quelques minutes, cette édifiante expérience émotionnelle* m'a définitivement guérie des gourous du marketing. Merci Freddy.

Quelques mois plus tard, mon voisin de table à un dîner, un entraîneur de rugby, me fait part de son analyse à propos des senior executives à qui il vient de livrer une conférence haute en couleur :

> - C'est sympa, ces programmes de *leadership development*, mais voyons ! Ces managers, ce qui leur faut, c'est apprendre à gérer les relations difficiles. Parce que, ma chère voyez-vous, les problèmes relationnels, c'est ce qui reste quand on a tout résolu. C'est ça qui les empêche de dormir la nuit, et d'avancer le jour.
>
> - Ça alors ! Vous croyez pas si bien dire ! C'est exactement sur ce créneau-là que je les accompagne depuis v'là l'temps...
>
> - Eh beh, que ne le dites-vous clairement ! Avec un positionnement pareil, ma chère, vous allez avoir besoin de recruter tout une équipe ! Ce filon est i-né-pui-sa-ble ! Avec celui du droit à l'erreur revendiqué, mais c'est une autre affaire. Concentrez-vous sur les relations difficiles, et vous m'en direz des nouvelles.

N'ayant aucun goût pour les sports co, je ne suis pas devenue sélectionneuse. Mais depuis que mon pitch se résume à « *Je suis la coach des relations difficiles à haut niveau, parce que les problèmes relationnels, c'est ce qui reste quand vous avez tout résolu* », mon problème de positionnement marketing s'est évanoui comme par enchantement. Quant au droit à l'erreur revendiqué, vous savez ce que j'en pense et surtout, ce que j'en fais.

ERREURS CONTRACTUELLES

14

Je suis entrée dans un partenariat la fleur au fusil

Ou comment j'ai tendu le dos pour me faire plumer.

Afsheen, un confrère avec qui je suis intervenue dans un séminaire me recommande à l'un de ses partenaires, qui vend des missions et les sous-traite à des coachs. La rencontre avec le partenaire en question, dans une grande brasserie parisienne, se passe on ne peut mieux. Gonzague est un jeune homme très bien sous tous rapports, patronyme à rallonge, manières impeccables et chevalière à l'ancienne. Du genre qui aurait plu à ma mère. Entre gens bien élevés, nous nous mettons d'accord par oral sur les conditions générales de la collaboration.

Très vite, une opportunité se présente et nous devons construire une proposition, Gonzague, Afsheen et moi. Nous nous répartissons les rôles, puis je m'attaque à ma partie. Une fois celle-ci terminée, je vais faire un tour sur LinkedIn où je remarque qu'Afsheen a été très actif toute la journée. Ses commentaires sous les posts d'une philosophe en toc, qu'il apostrophe comme s'ils avaient élevé quatre enfants ensemble, me font sourire. La fin du week-end arrive, nous devons rendre la propale à la cliente le lundi matin. Toujours rien de mon confrère. Gonzague m'appelle à vingt-deux heures pour que je prenne en charge la partie d'Afsheen d'ici le lendemain matin, celui-ci ayant eu un problème familial grave.

Un peu soupçonneuse - mais bon après tout, dans un couloir d'hôpital on s'ennuie ferme et moi aussi, j'en profiterais pour commenter cent quarante posts LinkedIn dans le week-end - je m'y colle. La proposition part chez la cliente, qui demande de nouveaux développements. Et là, rebelote. Afsheen nous fait faux bond au dernier moment et c'est à moi d'écrire la totalité de la proposition.

Très en colère, j'appelle Gonzague pour lui dire que je ne vais pas pouvoir bosser avec un passager clandestin qui promet, promet, et ne fait rien. Il m'écoute avec une patience polie, puis me propose d'organiser une réunion à trois pour trouver une solution. Là, Afsheen se comporte avec une désinvolture qui me met hors de moi. Plus je monte dans les tours, plus il me dit, « *Tu as raison Cécile, ne bouge pas d'un millimètre !* » Et plus il me dit ça, plus je bous de rage, et plus il s'amuse. Au milieu, Gonzague compte calmement les points.

Voyant que cette conversation ne nous mène nulle part, je coupe court en leur disant que je ne peux pas travailler avec eux et que je vais leur envoyer ma facture pour la rédaction de la proposition, que Gonzague a vendue entretemps. Avec toute la courtoisie du monde, Gonzague m'a répondu qu'il n'y avait pas de contrat, et qu'il ne me devait rien.

Je ne me suis plus jamais fait prendre à cette arnaque grossière, qui est pourtant le piège le plus fréquent tendu à tous les freelances à plumes et à poil. Mais vous allez voir, ce n'est pas facile tous les jours de se protéger juridiquement quand on n'est pas du bon côté du rapport de forces.

15

J'ai eu le culot d'exiger un contrat signé au début d'une collaboration

Ou comment j'ai appris que poser ses limites, ça peut coûter cher.

Un collectif de freelances avec qui je n'avais jamais travaillé m'avait contactée pour répondre à un énorme appel d'offres. Après des semaines de travail pour passer les multiples tours de sélection, nous avions fini par remporter le marché. Solène, la directrice de projet était enchantée du savoir-faire que j'avais apporté de mon expérience en cabinet pour répondre à l'appel d'offres. Dans le contrat final, il y avait pour un an de travail à mi-temps pour chaque membre de l'équipe.

La mission démarre. Solène répartit les rôles entre les membres de l'équipe pour la phase de diagnostic. Je prends note de ma feuille de route et lui réclame un contrat de sous-traitance. « *Oui oui* », me répond-elle, « *je m'en occupe dès que je sors la tête de l'eau* ». Les jours puis les semaines passent, nous sommes tous et toutes très affairés par ce projet qui nous envoie aux quatre coins de l'Île-de-France... Et toujours pas de contrat. Je relance à plusieurs reprises, sans autre résultat que des réponses de plus en plus agacées.

La veille au soir de la première réunion de mise en commun de nos entretiens de diagnostic, j'envoie un mail à Solène. Je l'y informe que, n'ayant pas signé de contrat de collaboration, je ne serai pas présente à la réunion du lendemain et que je ne partagerai pas le contenu de mes entretiens. Dans l'heure, je reçois le contrat tant attendu.

Le lendemain matin, la réunion commence dans une ambiance à couper au couteau. « *Bon, on va dépoter, là, parce que ce n'est plus supportable* », entame Solène. « *Cécile, tu es compétente et tu as des choses indéniablement intéressantes à apporter à notre équipe, mais je ne peux pas tolérer ce manque de confiance. Je bosse tous les soirs jusqu'à onze heures, ma fille ne me voit plus et elle en souffre, j'ai autre chose à faire que de l'administratif. Tu seras payée jusqu'à ce soir, après quoi je ne veux plus jamais avoir affaire à toi.* »

De retour à la maison folle de rage, je raconte ma mésaventure à mon Jules, qui lève les yeux au ciel. « *Non mais c'est quoi, ton milieu professionnel : des cow-boys ? Signer un contrat, c'est pas de l'administratif, c'est un engagement. Si ta collègue n'est pas capable de t'accorder ce minimum de respect, qui est au passage une obligation légale, mieux vaut que votre collaboration s'arrête maintenant que plus tard.* »

Si tu le dis, mon chéri...

Sans ce soutien de mon mari, je me serais battu les flancs pendant des semaines en me disant que cette rupture était de ma faute. Faut dire, je venais de faire une croix sur des mois de chiffre d'affaires et c'était économiquement très douloureux. Mais je savais bien qu'il avait raison : j'avais déjà appris à mes dépens que sans contrat, le risque de bosser à l'œil était plus qu'élevé.

Aujourd'hui, ce thème m'est régulièrement apporté en supervision. Je suis à chaque fois touchée par le fait que la plupart des coachs, solitaires et précaires, n'osent pas réclamer de cadre ou se reprochent d'avoir provoqué la rupture quand leur partenaire se défile... Quand il s'avère simplement que la plupart des fripouilles jettent l'éponge sitôt qu'elles comprennent que le pigeon est moins tendre que prévu.

Un contrat ? Je vous croyais plus romantique ! On se fait confiance. Quand vous vous êtes mariée vous avez fait un contrat de mariage ?
J'aurais dû.
Tesson

16

J'ai oublié de vérifier que mes CGV étaient bien attachées à un bon de commande

Ou comment j'ai appris qu'en matière juridique, l'à-peu-près ne suffit pas pour se faire respecter en affaires.

Pour célébrer une année faste, je venais d'investir dans des conditions générales de vente rédigées sur mesure par un cabinet d'avocats, en français et en anglais pour couvrir le développement de mon activité à l'international. Jusqu'à présent, j'avais emprunté les CGV de la société de portage sur laquelle je m'étais appuyée pour lancer mon activité avant de créer ma propre structure. Mais je voyais bien que ce texte, censé me protéger juridiquement, était bricolé et ne protégeait rien du tout. Jusque-là, j'avais eu la chance de tomber sur des clients réglos, mais, en pessimiste qui se respecte, je savais bien que ça ne durerait pas éternellement. Bref, j'étais très fière de ces nouvelles CGV qui me donnaient le sentiment d'avoir avancé d'un grand pas dans la professionnalisation de mon activité.

Le premier bon de commande qui part avec ce nouveau cadre juridique, un programme de coaching collectif en ligne pour tous les collaborateurs d'une grosse start-up, représente une part importante de ma prévision de chiffre d'affaires de l'année. À tel point que j'ai signé un partenariat avec une partenaire suédoise, Ingrid, une des toutes meilleures mondiales dans le domaine de l'ingénierie pédagogique en ligne, pour apporter à l'entreprise cliente une qualité de conception et d'exécution irréprochable.

Grâce à Audrey, une cliente de longue date fraîchement embauchée dans cette start-up qui m'a recommandée pour ce projet, le bon de commande me revient signé et scanné dans les vingt-quatre heures suivant son émission. Le virement d'acompte suit dans la journée. Ça me change agréablement des grands groupes qui font de la trésorerie sur le dos de leurs fournisseurs en les faisant poireauter soixante jours dans le meilleur des cas. Sur ce, la DRH sponsor de ce projet part en congé maternité, laissant Audrey gérer le projet en toute autonomie, façon start-up.

Les sessions pilotes révèlent quelques besoins d'ajustement, rien que de très ordinaire. En particulier, Ingrid et moi alertons notre cliente sur le fait qu'un tel programme ne devrait pas être obligatoire : il vaudrait mieux baser le recrutement des groupes sur le volontariat, quitte à réduire le nombre de sessions. Nous en discutons avec Audrey, qui est parfaitement d'accord. En l'absence de la DRH, elle doit faire valider ses décisions par la chief of staff, une ancienne d'un grand cabinet de conseil anglo-saxon, comme tous les dirigeants de la boîte. Madame chief of staff réagit de façon hostile à Audrey et au programme lui-même... Avant de maintenir son caractère obligatoire. En l'espace de quelques semaines, notre Audrey est fragilisée, puis terrorisée, puis virée par une nouvelle interlocutrice qui a été recrutée tout exprès pour la dégager puis pour la remplacer. Marine, la nouvelle, fait preuve avec nous de la même brutalité, ce qui m'oblige à une explication de texte fort désagréable pour installer un minimum de politesse dans nos relations de travail. Marine s'excuse, déstabilisée. La première vague d'animation de notre projet redémarre, Ingrid et moi parvenons à tisser avec Marine - une chouette fille au fond, terrifiée par sa direction - une relation de travail correcte à défaut d'être agréable. La veille au soir de la fin de cette première vague, nous faisons un point sur les évaluations. L'assiduité n'est pas fameuse, enfin ça, on a prévenu notre cliente et puis la tendance est à la hausse. Ce qui nous réjouit surtout, c'est que les évaluations des équipes qui ont assisté au programme sont bonnes. Ingrid et moi nous félicitons d'être enfin sorties des ronces sans trop d'égratignures.

Ce même soir, nous recevons un mail de Marine, nous informant que l'associé en charge des finances, alerté par la chief of staff, lui a demandé de mettre fin au projet séance tenante. Suit un mail d'annulation de la dernière session de la vague 1, prévue le lendemain.

Catastrophe.

La totalité de mon agenda du mois et demi à venir est prise, de longue date, par la vague 2 de ce programme. Même chose pour Ingrid. Toute tentative de dialogue est rejetée, et je reçois un courrier recommandé de résiliation de notre contrat, me demandant d'émettre une facture pour ce qui a été réalisé et non encore réglé.

Je relis mes précieuses CGV, qui stipulent qu'un délai de prévenance de quinze jours à compter de la réception du courrier de résiliation doit être respecté. En outre, mon avocate a prévu qu'en cas de résiliation sans faute de ma part constatée par le client après signature du bon de commande, 50 % des honoraires restant dus devront m'être versés à titre de dédommagement. Donc si je calcule bien, je ne vais pas récupérer la totalité des honoraires, mais l'entreprise cliente me doit 100 % des honoraires des quinze prochains jours et 50 % des suivants jusqu'à la fin du projet. Ouf. Voilà l'investissement dans mes CGV largement remboursé à la première utilisation.

S'ensuivent quelques échanges de mails tendus avec la direction financière, laquelle conteste avoir connaissance d'un tel contrat. J'appelle mon avocate, qui me demande immédiatement de vérifier si les CGV sont toujours jointes au bon de commande signé. J'ouvre le fichier, que j'avais classé au début du projet... Seule la page de garde, portant la signature de la DRH en cours de licenciement pendant son congé maternité (vous apprécierez l'élégance), a été scannée. Mon avocate me donne quelques conseils pour tenter une conciliation avant d'avoir recours à ses services en mode contentieux, mais elle est déjà beaucoup moins optimiste qu'au début de la conversation.

Fataliste, Ingrid est repartie en trombe bosser sous des cieux plus cléments et ne m'a rien demandé d'autre que les honoraires pour le travail déjà réalisé, qui nous ont été payés. Mon avocate et moi avons rapidement évalué que nous n'étions pas en position favorable pour entamer un bras de fer judiciaire. Puis un autre gros projet est venu à point nommé m'obliger d'arbitrer entre ce combat perdu d'avance et un autre, plus prometteur.

Depuis, j'ai ajouté la mention « *La signature du présent bon de commande vaut acceptation des CGV ci-jointes.* » Et je n'ai plus jamais oublié de vérifier que lesdites CGV étaient attachées à mes contrats. Bizarrement, aucun client, quelle que soit sa taille, sa nationalité ou son statut, ne s'est jamais plaint de mon intransigeance contractuelle. À mes supervisées qui m'objectent légitimement que ça fait beaucoup de paperasse, je réponds qu'elles ont le droit de continuer à jouer en division amateur.

17

J'ai envoyé un huissier réclamer mon dû à un client insolvable

Ou comment j'ai appris qu'il ne suffit pas d'être dans son droit pour obtenir son dû.

Cette université de groupe m'avait repérée sur LinkedIn. Les premiers contacts avaient été excellents et j'avais rapidement été mandatée pour coacher un cadre de direction dans l'une des sociétés du groupe. Le coaching se passe pour le mieux avec un directeur financier qui vit mal les difficultés que traverse sa société, qu'il me raconte par le menu. Dans un coin de ma tête, une petite lumière rouge commence à clignoter.

L'université du groupe étant un organisme de formation, je ne peux être payée qu'après avoir fourni ma prestation, sur présentation de justificatifs indigestes et chronophages. J'ai malgré tout réussi à négocier un paiement en deux fois, une moitié à mi-parcours de la mission, l'autre moitié à la fin. Le premier règlement me parvient avec plus de trois mois de retard. Le second, jamais. Bien évidemment, plus personne ne répond ni à mes courriels, ni à mes coups de fil, ni à mes courriers recommandés. Je me résigne donc à faire appel à un cabinet d'huissiers dans la ville où est située l'université du groupe. Dans un premier temps, la procédure de recouvrement ne me coûte rien, le cabinet promettant de se rémunérer sur les sommes recouvrées. Hélas, cela ne fonctionne pas. L'huissier déclenche donc une procédure contentieuse auprès du tribunal de commerce, en vue d'obtenir une ordonnance d'exécution forcée, ce qu'il obtient. À ce stade de la procédure, je dois verser à l'huissier environ 10 % des sommes après lesquelles je cours.

En parallèle, la presse commence à se faire l'écho des difficultés financières graves du groupe en question, et de la société à laquelle appartient mon coaché en particulier. Je n'ai pas besoin d'avoir fait Saint-Cyr pour me douter que l'université du groupe, service partagé, doit être dans la même galère. Mon expert-comptable, qui suit l'information économique avec plus d'assiduité que moi, m'informe que ça fait belle lurette qu'il a passé cette créance, de plus en plus douteuse (ou de moins en moins, ça dépend de quel point de vue on se place), en provisions.

J'ai reçu la nouvelle de la liquidation judiciaire de la société le même jour qu'un courrier de l'huissier, me demandant si je souhaitais poursuivre les opérations de recouvrement, à raison d'un étalement de la dette sur trois ans. Moyennant une rallonge de ses honoraires, bien entendu. J'avais déjà été assez naïve pour mettre des sous dans le bastringue une fois, on n'allait pas m'y reprendre.

Je n'ai plus jamais accepté de travailler sans facturer un acompte avant le début de la mission. J'ai même découvert récemment qu'aux États-Unis et en Chine, les services administratifs des entreprises clientes attendent que cet acompte ait été encaissé avant d'autoriser les managers à prendre le moindre rendez-vous d'exécution de la mission. Je vois d'ici la tête de certains services administratifs français le jour où je vais partager cette expérience avec eux...

ERREURS POLITIQUES

18

J'ai désobéi à ma donneuse d'ordres*

Ou comment j'ai appris qu'il ne suffit pas de faire du bon travail avec son coaché pour intervenir en entreprise.

Aurélien m'appelle un jour pour que je le coache, suite à sa nomination comme directeur commercial Europe d'un groupe international d'assurance-crédit. Il a parlé de moi à sa DRH, qui est tout à fait d'accord pour que nous travaillions ensemble. Mon coaché est tout ce qu'il y a de plus motivé ; ma donneuse d'ordres*, Diana, est ouverte à ma façon de travailler, la vie est belle. Elle accepte que le coaching démarre rapidement, sans attendre la disponibilité du PDG, qui peut se faire attendre. « *Peu importe le moment, me dit-elle, pourvu qu'une réunion tripartite ait lieu avec Monsieur pendant le coaching* ». Aurélien, impatient d'avoir enfin un échange avec son patron, lui envoie immédiatement un mail pour organiser ladite tripartite. Mail qui reste sans réponse.

Au cours de son coaching, Aurélien prend conscience que Monsieur est d'autant plus fuyant que lui, Aurélien, insiste pour obtenir sa validation et son soutien. Il digère sa déception, puis renonce peu à peu à ce soutien hiérarchique sur lequel il comptait beaucoup jusqu'alors. Il se rend même compte qu'il peut faire beaucoup plus de choses par lui-même qu'il ne l'aurait jamais cru possible. Dès lors, sa prise de poste se passe à la satisfaction générale. Ni Aurélien ni moi ne pensons à relancer Monsieur pour le rendez-vous tripartite. La dernière séance se profilant, je demande à Diana si elle souhaite que nous clôturions ce coaching tous les trois. Et là, je me prends une soufflante :

- Cécile, je vous ai fait confiance pour organiser une tripartite avec Aurélien et Monsieur. Vous n'avez pas respecté notre contrat !

- Nous avons tenté de prendre rendez-vous et il ne nous a jamais répondu...

- Précisément ! Je connais bien mon patron, et je sais qu'il a des choses à dire à propos d'Aurélien. J'insiste pour que vous le rencontriez !

Aurélien et moi avons docilement rencontré le PDG, dans son bureau du dernier étage avec ascenseur privatif et vue sur tout Paris. Fort affable, Monsieur s'est installé dans un fauteuil au design improbable, prenant grand soin de rectifier le pli de son pantalon et de protéger sa cravate Hermès d'un disgracieux pincement à l'aine. Aurélien a posé une fesse prudente au bord d'un profond canapé de cuir dans lequel j'ai bien cru que j'allais disparaître, n'ayant pas fait preuve des mêmes précautions posturales que lui. Aurélien a pris des nouvelles des chevaux de Monsieur, dont toute la boîte savait qu'il était très fier, puis l'a congratulé pour son excellent speech aux Assises de la profession. Enfin, ils ont échangé *mezzo voce* quelques indiscrétions sur la concurrence. J'avais l'impression de m'être égarée au golf de Saint-Nom-la-Pimbêche un dimanche de juin.

Au bout de vingt minutes de ce tralala durant lequel je m'étais répété cinquante fois « *Non, tu ne riras pas* » avec un certain succès pour une fois, Monsieur s'est tourné vers moi pour s'enquérir du motif de cette aimable rencontre. Je pose le cadre, explique comment va se dérouler l'entretien. Tout d'abord, Aurélien va rappeler les enjeux de sa prise de poste. Il partagera ensuite sa vision de son développement depuis six mois et de l'impact du coaching sur cette dernière. Puis la parole sera à Monsieur, pour qu'il nous fasse part de ses observations et recommandations. Nous terminerons par les prochaines étapes et leurs objectifs. Aurélien a brodé un bullshit convenu, mais bien troussé. Sans manifester la moindre curiosité pour les succès ou les progrès d'Aurélien depuis sa prise de poste, Monsieur s'est réjoui de l'excellente initiative que constituait ce coaching et nous a encouragés à le poursuivre. Bien entendu, il a assuré Aurélien de tout son soutien. « *Comme d'habitude, mon cher.* » Tout cela n'a guère pris plus de dix minutes. En reprenant l'ascenseur, je voyais bien qu'Aurélien avait été beaucoup plus sensible que moi aux pseudo-signes de connivence dont l'avait gratifié Monsieur. Bon, faut dire, moi, j'aurais pu être une plante verte, ça n'aurait pas changé grand-chose. La connivence, même factice, n'est pas destinée aux ~~domestiques~~ prestataires. Satisfaite, Diana m'a immédiatement fait parvenir un nouveau bon de commande signé et le règlement de ma facture qu'elle gardait sous le coude depuis notre altercation.

J'en étais à me dire qu'après tout, j'avais été grassement payée pour cette demi-heure de mondanités et que, peut-être, je poussais le mépris de classe un peu loin... Quand j'ai reçu un WhatsApp fébrile d'Aurélien, m'annonçant qu'il allait solliciter l'appui de Monsieur dans une négociation délicate où se jouaient de gros, très gros enjeux de légitimité pour lui. Et merde !!! Des mois de travail foutus en l'air par cette réunion tripartite à la con. Je le savais !!!

Ma superviseure, à qui je faisais part de ma frustration, n'y est pas allée par quatre chemins.

- Ton interlocutrice RH t'a clairement fait comprendre que c'était elle qui fixait les règles et qu'elle avait les moyens de te contraindre à les respecter. Tu te soumets ou tu te démets, c'est aussi simple que ça.

- Mais enfin, tu vois bien que dans ce contexte, ces tripartites sont contre-productives ! Diana est une femme intelligente, elle va bien comprendre si je le lui explique !

- La seule chose qu'elle va comprendre, c'est que ton acharnement à faire turbuler le système* commence à devenir menaçant, Cécile. Rappelle-toi que tu n'es qu'une invitée dans cette organisation. Si tu veux y être tolérée temporairement pour aider Aurélien à réussir à son poste, ce que tu fais très bien depuis six mois malgré ce désagréable revers, acceptes-en les règles, si contrariantes soient-elles. Ou tu te feras éjecter. Tu sais bien qu'en vertu du principe d'homéostasie*, un système œuvre toujours à la stabilité de son fonctionnement et qu'il élimine tout ce qu'il perçoit comme une menace à cette stabilité.

La réunion avec le DG, c'est vraiment nécessaire ?
Parfaitement inutile et tellement nécessaire... Comme le chant du merle à la tombée du soir.
Tesson

19

J'ai compris trop tard qui était le client* de mon intervention

Ou comment j'ai appris à ralentir pour être sûre d'avoir bien exploré le système pertinent* avant de démarrer une intervention.

Leila, une de mes clientes DRH dans un grand groupe alimentaire, m'appelle un jour en urgence pour trouver une issue à un conflit purulent entre deux category managers. Elle me décrit les protagonistes, Nicolas et Pimprenelle, me raconte ce qu'elle connaît de l'historique de leur relation et me demande de les rencontrer tous les deux pour tenter une médiation le plus rapidement possible. La culture de cette entreprise étant très humaniste, la survenue d'un conflit aussi violent est un vrai problème pour Leila, qui s'inquiète beaucoup des répercussions sur la santé mentale des intéressés et sur la qualité de vie au travail de leurs équipes respectives.

Violent, le conflit l'est assurément : Pimprenelle a déposé une main courante pour harcèlement moral contre Nicolas et refuse désormais de lui adresser la parole ou de se trouver seule dans la même pièce que lui. Un vrai merdier, alors qu'ils sont censés bosser ensemble au quotidien. Pour calmer le jeu, Leila a bien tenté de faire valoir à Pimprenelle qu'en refusant de collaborer avec son collègue, elle contrevenait à son contrat de travail et se mettait en tort vis-à-vis de l'entreprise. Menace à laquelle Pimprenelle a cédé… À condition que Nounours, son n+1, soit présent comme témoin à chacune de ses interactions* avec Nicolas. Diantre ! Il ne doit avoir que ça à foutre, Nounours, en pleine période de modification structurelle des rapports de force entre industriels et distributeurs. Je demande à le rencontrer également. Leila, avec qui j'ai développé au fil des années une très appréciable complicité autour de l'approche systémique et stratégique, m'accorde cet accès sans difficulté.

Mon problème ici, c'est le temps. Leila m'a bien fait comprendre que sa demande était très urgente. En effet, l'entreprise est en pleine période de négociations tarifaires annuelles avec les distributeurs avec, à un bout, un séminaire des forces de vente à Agadir pour se donner du cœur au ventre et, à la fin, des vacances de ski bien méritées pour tout le monde. Mais justement, Leila veut que la résolution du problème soit engagée tout de suite, par peur d'un impact possible sur le résultat des négociations dans les périmètres respectifs de Nicolas et Pimprenelle. Cahin-caha, elle m'aide à obtenir les trois rendez-vous, avec dans l'ordre : Pimprenelle, Nicolas, puis Nounours.

Pimprenelle, qui est venue me chercher à la réception, m'emmène dans une de ces alcôves vitrées dans lesquelles les gens vont passer leurs coups de fil pour ne pas déranger dans l'open space. Une fois la porte fermée, je suffoque déjà. Rouvrir n'étant pas une option, je calme ma claustrophobie en étudiant mon vis-à-vis. Pimprenelle, les yeux baissés, une larme qui perle au bout des cils, boucles châtain qui lui couvrent les épaules, se donne des airs de madone florentine... un peu trop décolletée pour être pieuse. Elle se présente comme la victime de l'histoire, maltraitée par Nicolas, abandonnée par l'institution, et qui n'a rien pu faire d'autre que de porter plainte pour se défendre. Et elle compte bien ne pas s'arrêter là. Ils vont voir ce qu'ils vont voir, ces enfoirés ! Enjôleuse, elle me fait miroiter une possible collaboration une fois que je l'aurai soutenue dans son entreprise... Je ressors de là avec la sensation d'avoir échappé de peu aux mandibules d'une mante religieuse.

Nicolas, que je rencontre quelques jours plus tard, est au bout de sa vie. Il a eu le malheur de faire une remarque à Pimprenelle, qui la lui avait faite à l'envers sur un dossier dont il était responsable. Et elle a déclenché une guerre nucléaire. « *Depuis que cette salope a déposé sa main courante pour harcèlement, je suis sous les projecteurs de la DRH et des représentants du personnel, alors que je n'ai fait que mon travail !* » Bref, Nicolas ne dort plus, ne mange plus et pleure beaucoup. En creusant un peu, je me rends compte que les grands mouvements de concentration en cours dans les centrales d'achat de la grande distribution sont également en train de modifier les équilibres à l'intérieur de l'entreprise, au profit de Nicolas et au détriment de Pimprenelle. Conflit interpersonnel, mon œil ! Tout à coup, je réalise que Pimprenelle, si antipathique me soit-elle, est en train de se battre pour sa survie. Et que Nicolas, avec ses airs de saint-nitouche, a peut-être été un peu vite en besogne à tirer la couverture à lui.

Je note que ni Pimprenelle ni Nicolas n'ont spontanément mentionné Nounours comme partie prenante. Quand j'ai demandé à Pimprenelle quelles avaient été les réactions de sa hiérarchie depuis le début du conflit, elle s'est contentée de lâcher que son patron n'avait pas de couilles, car il se dérobait à chacune de ses demandes de servir de témoin dans ses interactions* avec Nicolas.

Vient enfin la rencontre avec Nounours, dont je me dis depuis le début qu'elle va m'apprendre beaucoup de choses. Faute de mieux, cet entretien se déroule à distance, depuis le Club Med où il prend ses vacances. Nounours se connecte très énervé. Des marques de lunettes de ski lui donnent des airs de raton laveur insomniaque. Raccourcissant au strict minimum les formules de politesse d'usage, il balance : « *J'espère que vous n'avez pas dit à Pimprenelle et Nicolas et que nous nous rencontrions, ça me mettrait dans l'embarras.* » Trop tard. À chaque rencontre, et en accord avec ma donneuse d'ordres*, j'ai pris grand soin de dire que je rencontrais Pimprenelle, Nicolas et Nounours à la demande de Leila, et que je pourrais dire si et comment je pouvais les aider une fois que je les aurais tous rencontrés. Dans une situation comme celle-là, je considère que la transparence est le seul moyen de commencer à gagner la confiance et de me positionner en éventuelle médiatrice. « *Mais c'est insensé, à la fin ! C'est moi qui suis demandeur de cette intervention, donc c'est avec moi que vous deviez définir le cadre !* » Stupéfaction. Leila, dont les qualités d'écoute me sont bien connues, ne m'a jamais rien dit de tel.

Malgré sa vive contrariété, Nounours m'a donné pendant plus d'une heure un aperçu de l'enfer qu'il traversait alors. Il était seul, absolument seul, pour représenter son entreprise dans des négociations tarifaires bousculées par la fusion des principales centrales d'achat de la grande distribution, et pour en faire accepter les conséquences à son organisation. Ces changements, que personne n'avait anticipé dans la boîte et qu'il était bien obligé de relayer en interne, lui valaient l'hostilité de la quasi-totalité du Codir et d'une bonne partie des salariés dont les postes se trouvaient menacés. Sans compter les actionnaires, qui trouvaient les marges beaucoup trop rabotées par des centrales d'achat plus puissantes que jamais. Et tout ça, sans l'ombre d'un soutien institutionnel. Nicolas et Pimprenelle, c'était juste la cerise sur le gâteau. Ou plutôt, le sommet de l'iceberg. Mon petit doigt me disait en effet que selon la manière dont l'organisation allait arbitrer ce conflit, il y avait des tas de petites Pimprenelle et de petits Nicolas en embuscade partout dans la boîte, qui attendaient de savoir comment négocier leur positionnement dans la nouvelle orga ou leur sortie des effectifs.

De toute évidence, c'était Nounours qui avait besoin d'aide. Et pas uniquement du coaching. Quand je lui ai demandé ce que je pouvais faire pour l'aider, il a décliné bourrument, me disant que je l'avais assez mis en porte-à-faux comme ça et qu'il allait continuer à se débrouiller tout seul. Je le sentais au bord des larmes et si nous n'avions été en ligne, je l'aurais pris dans mes bras, ce grand garçon qui payait si cher cette illusion de courage qui consiste à ne jamais demander d'aide à personne.

Tout comme moi, Leila est tombée de sa chaise quand je lui ai résumé ce que je pouvais lui dire de mes découvertes. Jamais, au grand jamais, n'avait-elle perçu que Nounours était en détresse, et que c'était lui qui demandait une intervention. En fouillant dans ses notes et sa mémoire, elle a fini par se souvenir que c'était bien Nounours qui lui avait parlé du conflit entre Pimprenelle et Nicolas. Mais que jamais, vraiment jamais, elle n'avait pu imaginer le cauchemar qu'il vivait et surtout, qu'il avait besoin d'aide. « *Mais tu sais, Cécile, au fond, ça ne m'étonne pas. Chez nous, les équipes commerciales sont des armées qui se battent jusqu'à la mort. Demander de l'aide, c'est déjà s'avouer vaincu. Politiquement, c'est impensable pour un leader de son niveau d'être autre chose qu'un héros solitaire. Enfin en attendant, moi, j'ai une sacrée responsabilité en tant qu'employeur et je vais faire le nécessaire fissa fissa pour donner à Nounours le soutien dont il a besoin.* »

Mon intervention s'est arrêtée là, et c'est un confrère qui a pris le relais. Dûment briefé par Leila qui avait maintenant bien compris ce qui se jouait, il a proposé un coaching d'organisation pour préparer cette dernière à assumer les conséquences de la restructuration du secteur. Dans ce nouveau dispositif, Nounours n'était pas le coaché mais le Général en Chef en charge de la Transformation. Ce n'était toujours pas facile pour lui, mais ça avait déjà meilleure allure.

Pimprenelle a grassement négocié son départ. C'était pour elle une issue bien préférable à une réconciliation avec son collègue, dans une réorganisation où elle avait tout à perdre et lui tout à gagner. Ses indemnités de rupture lui ont permis de financer le lancement d'une activité indépendante dans laquelle elle semble exprimer ses talents avec une liberté qui lui manquait dans la boîte. Nicolas, quant à lui, prospère à la tête d'un périmètre que le départ de Pimprenelle lui a permis d'élargir bien au-delà des projets initiaux de son employeur. Il est très content. Parfois, quand je me balade sur LinkedIn, j'ai l'impression que ces deux-là se livrent encore à un concours de « *C'est moi qui ai le mieux tiré mon épingle du jeu* ». Ça me va.

En résolution de conflit comme dans n'importe quel projet aux parties prenantes multiples, on ne va pas bien loin sans savoir au préalable qui est client* de quoi. Je ne démarre plus jamais une mission sans avoir retracé précisément la genèse de la demande. Mon premier rendez-vous, c'est toujours avec la personne qui a manifesté un désir ou un besoin de changement. Et tant pis s'il faut attendre des semaines pour la rencontrer. Ces organisations et ces personnes tiennent debout sans moi depuis des années, parfois des décennies. Elles ont de la ressource pour survivre quelques semaines supplémentaires sans moi.

Plusieurs mois plus tard, un échange avec ma superviseure m'a fait prendre conscience que cette histoire abritait d'autres enseignements. Comme le montre a *posteriori* l'épilogue de cette histoire, refuser la solution proposée - la médiation pour Nicolas et Pimprenelle, le coaching pour Nounours – est parfois la meilleure option pour les protagonistes. De l'avis général, cette histoire s'est terminée de façon satisfaisante pour chacun d'entre eux et pour l'organisation. Donc, si j'ai bien compris, loin d'être une erreur - ce que j'ai pensé pendant longtemps, ainsi que mon comptable qui a dû modifier à la baisse mon chiffre d'affaires de cette année-là – la manière dont s'est résolu ce conflit est celle qui respectait le mieux l'écologie du système tel qu'il était en train de se reconfigurer. Dont acte.

20

J'ai voulu faire reconnaître la qualité de mon travail à quelqu'un qui ne m'avait pas choisie

Ou comment j'ai appris à ne pas péter plus haut que mon cul.

Antonia, petite-fille d'une ci-devant princesse hongroise et directrice de la communication RH d'un grand groupe immobilier, organisait un très distingué séminaire de direction dans lequel elle m'avait priée d'intervenir. À l'issue du séminaire, elle avait fait le nécessaire auprès du vice-président RH groupe pour que je coache Marie-Claire, la directrice des relations institutionnelles. Dans cette organisation que je ne connaissais pas encore, Antonia n'était pas la responsable RH en titre de Marie-Claire, mais elle avait le bras assez long pour débloquer un budget de coaching pour elle. Étrange, comme distribution du pouvoir. Je soupçonnais le VPRH du groupe d'être un peu fasciné par le redoutable entregent d'Antonia, mais peut-être était-ce autre chose... Après tout, cela faisait des années que je déchiffrais les organigrammes officieux derrières les officiels, je me faisais confiance pour apprendre à décoder celui-là en temps utile.

Marie-Claire ne m'était guère sympathique. Elle avait un talent hors du commun pour trouver la manière la plus désobligeante de dire les choses, pour inventer des occasions d'être injuste envers ses collaboratrices ou encore pour gâcher la journée de son assistante avec de fines mesquineries savamment enrobées de miel. Avec plus puissant qu'elle, en revanche, Marie-Claire était la perfection même : elle savait s'aplatir sans états d'âme pour satisfaire les caprices de celles et ceux qu'elle servait, en présentant toujours la plus avenante des figures. La parfaite courtisane de haut vol, assez grande pour être élégante en talons plats et puissante pour se pointer impunément en robe rouge corail dans un cocktail « Tenue Noir & Or exigée » blindé de photographes de presse.

Aussi surprenant que ça puisse paraître, nous avons très bien travaillé ensemble. Je lui étais recommandée par Antonia, qui était la seule personne de son rang hiérarchique pour laquelle Marie-Claire faisait preuve d'un minimum de considération, noblesse oblige. À l'époque, ce groupe encourageait le feedback tous azimuts et Marie-Claire commençait à payer son mépris pour ses pairs et ses subordonnés. Ses notes de feedback étaient si exécrables que les vice-présidents com' et RH du groupe l'avaient sommée de se faire coacher. C'est là qu'Antonia était intervenue.

En l'espace de quelques mois, aiguillonnée par son désir de parfaire son image, Marie-Claire a fait de gros efforts relationnels et de gros progrès. La voilà bientôt prête à mettre fin à son coaching. Entretemps, Antonia a pris de nouvelles responsabilités à New York, et ne peut plus me cornaquer dans les méandres de la politique maison. Cyrielle, la responsable RH en titre de Marie-Claire, à laquelle Antonia m'a recommandée avec toute la chaleur qu'on sait avoir dans le grand monde, n'a pas donné suite à ma demande de contact.

Marie-Claire souhaite, légitimement de mon point de vue, faire constater ses progrès à son organisation, qui n'a pas ménagé ses critiques lors de la dernière campagne de feedback. Les vice-présidents s'étant déclarés incompétents pour l'exercice – rappelez-vous qu'avec plus puissant qu'elle, le comportement de Marie-Claire est impeccable - ne reste que Cyrielle. Au passage, je suis fort aise de saisir l'occasion de me faire connaître de cette nouvelle interlocutrice, qui pourra venir enrichir la liste de mes donneuses d'ordres.

Le jour du rendez-vous tripartite de clôture du coaching de Marie-Claire, Cyrielle arrive en retard et de fort mauvaise humeur. Elle nous fait savoir d'entrée de jeu qu'elle ne comprend pas ce qu'elle fait là, puisque ce coaching s'est décidé et déroulé dans son dos. Elle se fiche visiblement des progrès de Marie-Claire, fait la gueule pendant tout l'entretien et pour couronner le tout, se cogne les orteils contre un pied de table en sortant de la pièce. « En même temps, » soupire Marie-Claire une fois que nous sommes seules, « *du vernis noir avec des sandales dorées, pour aller au bureau, c'est d'un goût...* ».

Évidemment, Cyrielle n'a jamais fait appel à moi. Lors d'un de ses séjours à Paris, Antonia qui a eu vent de cette histoire s'est écriée, effarée :

- Mais tu te rends compte de la faute politique que tu as commise, Cécile ?

- Aux dernières nouvelles, Marie-Claire et Cyrielle sont toujours au même poste l'une et l'autre... Et ça a l'air d'aller plutôt bien pour Marie-Claire si j'en crois son exposition médiatique grandissante. Je l'ai encore entendue sur France Inter ce matin. Donc non, éclaire-moi sur la gravité de mes méfaits, s'il te plaît.

- Quand je t'invite dans le carré VIP ma chérie, tu profites du champagne et du caviar, et tu vas pas narguer celles qui n'ont jamais reçu d'invitation. C'est quand même pas sorcier !

Je m'en foutais, moi, du carré VIP. Les cages, fussent-elles dorées à l'or fin, m'ont toujours fait horreur. Et je n'étais pas d'accord du tout d'avoir été complice, à mon insu, de l'exclusion de cette pauvre Cyrielle d'un circuit de décision qui lui appartenait. Tout à mon besoin de clore ce coaching dans les règles de l'art, j'avais confondu jeux de pouvoir et jeux de cour et je n'en étais pas fière.

La clôture d'une relation de travail temporaire (coaching, projet, détachement ou autre) est au moins aussi délicate que sa mise en place, avec des enjeux différents. Pour n'en citer qu'un ici, le caractère temporaire de la relation fait qu'au moins une des parties prenantes ne jouira jamais des résultats concrets de son travail. Cela peut être très frustrant. Pour la plupart des intervenants externes, leur intervention se termine par une séance de bilan, qui leur permet de clore leur mission, mesurer le chemin parcouru, recevoir du feedback et signaler la fin de la relation de travail avec leurs clients ou équipes temporaires. Il s'y joue bien plus que les compliments souvent convenus de clients satisfaits (et, selon les cas, soulagés ou anxieux de se retrouver enfin seuls). Il s'y joue notamment la pérennité de la relation commerciale, l'arrêt du jour au lendemain de relations qui peuvent avoir été excellentes, et le devoir de détachement par rapport à un travail dans lequel on a donné de sa personne. Chacun de ces thèmes peut être compliqué à vivre et les besoins respectifs ne sont pas toujours symétriques. Dans cette histoire, mon besoin d'assurer la pérennité commerciale de la relation a pris le pas sur le fait que dans cette organisation, personne n'avait intérêt à une clôture formelle. Dans d'autres cas, qui me sont parfois rapportés en supervision, les clients annulent leur dernière séance, laissant aux coachs un sentiment d'inachevé et d'abandon, que les coachs ont souvent tendance à retourner contre eux ou elles-mêmes. « *C'est le jeu, ma pauv' Lucette !* », me direz-vous. Certes.

C'est simplement un des aspects des métiers d'accompagnement où l'asymétrie de la relation peut être la plus douloureuse. Et ça, vous ne le lirez pas sur LinkedIn.

ERREURS STRATÉGIQUES

21

J'ai accepté une mission de coaching sans savoir qui demandait quoi

Ou comment j'ai fait l'expérience des pièges et subtilités du coaching sous contrainte*.

Jeanne, toute jeune HR business partner dans une importante coopérative agricole, m'appelle un jour pour me confier un coaching. À l'époque, je venais de démarrer ma formation à l'approche systémique et stratégique*, qui avait pas mal bousculé ma pratique. Bref ce jour-là, ce sont deux débutantes qui se rencontrent : Jeanne, qui passe sa première commande de coaching et moi, qui essaie de raccrocher les wagons entre ce que j'ai fait pendant mes premières années de coaching et ce que je suis en train d'apprendre. Pas simple.

Avec beaucoup de diligence, Jeanne me décrit la situation, qu'elle a soigneusement consignée dans un petit cahier orange. Gaston est ingénieur système depuis huit ans au sein de la coopérative. C'est un garçon charmant qui a d'excellentes relations avec ses clients internes. Serviable, disponible, gentil en toutes circonstances, tout le monde l'apprécie. Gaston, c'est le représentant parfait de la bienveillance que la coopérative vient d'ériger en valeur d'entreprise. Mais son problème, c'est qu'il ne sait pas dire non, ce qui l'amène à accepter plus de travail qu'il ne peut en abattre. Résultat des courses, ses interlocuteurs attendent des semaines le traitement de leurs tickets[13]... À moins que Prunelle, responsable du support informatique, ne compense en prenant une partie du travail que Gaston accumule chaque semaine. Jeanne referme son carnet de notes et replace l'élastique qui le maintient fermé : « *Votre mission Cécile, si vous l'acceptez, c'est d'apprendre à Gaston à dire non.* » Tant d'application me donne envie, à moi aussi, de faire du bon travail.

---

[13] Ticket : terme couramment utilisé pour désigner les requêtes des utilisateurs d'un service informatique.

La réunion tripartite se déroule dans une ambiance bon enfant. Jeanne rappelle le pourquoi du projet de coaching dont ils ont déjà parlé et donne la parole à Gaston. Lequel est en-chan-té. Une si belle opportunité de se développer, offerte par cette maison à laquelle il est si attaché ! Mais quelle chance il a de pouvoir travailler sa gestion du temps, sa gestion du stress, son assertivité ! Je trouve qu'il en fait des tonnes, mais bon. Moi aussi, quand je suis mal à l'aise et que je veux donner le change, j'en fais trop. D'ici quelques séances, il sera plus en confiance et tout rentrera dans l'ordre.

Une fois en face-à-face, Gaston continue à jouer les coachés modèles. Il se prête de très bonne grâce au jeu du questionnement, me félicite pour mon écoute active, joue volontiers le jeu des mises en situation, construit docilement son plan d'actions en fin de séance, s'intéresse à ma formation de coach systémique... À la seconde séance, il arrive tout sourire avec deux tasses d'excellent thé et des chouquettes, puis m'explique qu'il n'a pas pu mettre en œuvre le plan d'action auquel il s'était engagé la fois précédente. Ce petit jeu se répète encore à la troisième séance. Je suis à court d'inspiration et, pour tout dire, je commence à sentir la moutarde me monter au nez face à tant de flagornerie et de tentatives de corruption.

Avant d'apporter ce cas en supervision, je confronte Gaston sur cet écart répété entre ses engagements et ses actes. Il se dévoile alors avec une candeur désarmante :

> - Dans mon environnement professionnel, dire non, c'est mal vu. Si je commençais à dire non, je me mettrais tout le monde à dos. Or ici, le relationnel, c'est sacré. Notre culture d'entreprise est très bienveillante, vous savez... Et moi, je suis corporate. Et puis je vais vous dire : j'ai trop de tickets à traiter. Alors je dis oui à tout... Et je fais le tri sans rien dire à personne !
>
> - Alors Gaston, c'est quoi la solution selon vous ?
>
> - Elle est toute trouvée, la solution, ma chère Cécile ! Je laisse ce que je ne peux pas faire à Prunelle ! Sinon... Il y aurait bien la réduction de mon périmètre, mais je n'ose la demander de peur que mon salaire ne suive. Alors qu'en ne changeant rien, j'ai le beurre, l'argent du beurre, et le sourire de M'oiselle Jeanne !

Malheureux Prunelle... Quand je l'ai rencontré, dûment munie de l'autorisation conjointe de Gaston et de Jeanne, il était en état d'épuisement professionnel avancé. Il bossait tous les soirs jusqu'à vingt-deux heures et le dimanche après-midi pour écoper le travail laissé en souffrance par ce coquin de Gaston. J'avais omis de demander à Jeanne, qui aurait sans doute su me répondre, à qui le comportement de Gaston posait problème*. À Gaston ? Certainement pas : son comportement était une solution parfaitement adaptée à son environnement. À ses clients internes ? Pas davantage : grâce aux heures sup à rallonge de Prunelle, ceux-ci étaient satisfaits dans des délais raisonnables. À l'entreprise ? Même pas ! Toujours grâce aux heures sup de Prunelle, les indicateurs de productivité du support informatique étaient bons ! La seule personne qui souffrait de la situation, et en souffrait gravement, c'était Prunelle...

Forte de mes connaissances toutes fraîches en matière d'approche systémique, qui m'indiquaient que le client* idéal, c'est celui qui souffre le plus de la situation, je suis donc retournée vers Prunelle pour lui suggérer de l'aider, lui, à faire changer le comportement de Gaston. Et là, à ma surprise consternée, il s'est rebiffé.

> - Rrrogntudjuûû, c'est pas moi qui pose problème*, c'est Gaston ! Moi, je suis la victime, dans l'histoire. Vous n'allez pas en plus me demander de changer, et puis quoi encore !
>
> - Prunelle, imaginez-vous à un feu rouge, en train de traverser dans le respect le plus strict du code de la route. Un chauffard en Gaffomobile vous fonce dessus à pleine vitesse. Vous continuez à traverser parce que vous êtes dans votre droit et lui dans son tort, ou vous vous garez en vous disant qu'en cas de collision, c'est vous qui aurez un problème ?
>
> - Elle est débile votre image ! Je ne VEUX pas de coaching !

Dépitée, j'ai alors cherché quelles pourraient être les conséquences désagréables pour Gaston s'il ne changeait pas de comportement. Et là, la seule chose que Prunelle et Jeanne ont trouvé, c'est la rétrogradation. Enfin... La réduction du périmètre de Gaston sans modification ni de son titre, ni de son salaire. Inutile de vous dire que Gaston était aux anges. Sans surprise, Prunelle n'a pas tardé à se mettre en arrêt maladie car lui, bien entendu, a conservé le même périmètre sans moyens supplémentaires.

Dans le cas d'espèce, si j'avais posé à temps la question « *À qui le comportement de Gaston pose-t-il problème ?* », il est probable que j'aurais pu négocier des marges de manœuvre auprès de Jeanne pour positionner mon intervention de manière plus efficace. Probable, mais pas certain. Même quand je pose la question à temps, certaines donneuses d'ordres m'imposent de coacher la personne qui présente des symptômes* comportementaux problématiques et non celle que lesdits symptômes* gênent le plus... Dans ce cas, j'explore au moins les conséquences possibles d'une absence de changement pour le bénéficiaire désigné* du coaching. Si aucune conséquence désagréable ne peut être opposée à une éventuelle absence de changement, je refuse la mission. La probabilité pour que je tombe sur un autre Gaston est trop forte.

22

J'ai voulu faire le bien de ma cliente malgré elle

Ou comment j'ai appris de justesse à utiliser la position basse stratégique*.

Dans cet immense complexe hospitalier privé suisse, Erika avait été nommée pour succéder à Matthieu, un DG exceptionnel qu'un accident de parapente venait de faucher à cinquante ans. Du jour au lendemain, l'entreprise s'était retrouvée orpheline et sans grand soutien, institutionnel ou psychologique, pour faire face à ce traumatisme. C'est notamment pour ça que le siège avait pressé Erika d'écourter ses vacances, afin d'abréger les souffrances des équipes. Mais Erika avait refusé, au motif fort légitime qu'elle avait besoin de toute son énergie pour faire face sereinement aux défis qui l'attendaient.

La semaine même de son arrivée, alors qu'Erika n'avait pas encore eu le temps de faire le tour de ses nouvelles équipes, elle avait été réquisitionnée par l'autorité de tutelle pour recevoir pendant trois jours la visite d'une délégation internationale, prévue de longue date. Erika avait déjà dit non à ses chefs une fois : elle savait très bien qu'elle n'avait plus de joker. Ni une ni deux, avant même d'avoir rencontré la moitié de ses troupes, elle a envoyé une note à tous les services, les sommant d'être prêts sous quarante-huit heures pour la grande revue de casernement. On fait plus chaleureux, comme entrée en matière, d'autant que les équipes, toujours en grand deuil de leur ancien patron, n'y allaient pas avec le dos de la cuiller pour établir les comparaisons les plus désobligeantes : Erika était aussi teutonne que l'autre était latin, aussi austère que Matthieu était charismatique, aussi vieille que l'autre était jeune (ils avaient rigoureusement le même âge, NDLR). Comble du comble, elle ne parlait ni français, ni italien – le casse-tête linguistique helvétique habituel - n'envisageait même pas de venir s'installer en Suisse Romande et rentrait à Zurich tous les vendredis soir. Quel mépris, mes aïeux !

Ma mission de coaching d'équipe, qui avait été suspendue depuis le décès tragique de Matthieu, avait été réactivée à la demande de l'autorité de tutelle, et c'est presque par hasard que j'ai croisé Erika un soir, alors que j'allais saluer son assistante stratégique qui partageait le même bureau. Erika me fait entrer dans sa salle de réunion vitrée, et s'enquiert fort aimablement de ma présence. Je lui raconte brièvement ce que j'ai démarré au début de l'année, comment mes travaux se sont interrompus, et ce qui me reste à faire selon la feuille de route décidée en central. Visiblement intéressée, elle me pose des tas de questions très fines, m'écoute avec la plus grande attention et conclut l'entretien en me disant qu'elle est enchantée de s'appuyer sur ma mission pour faire du Leadership Team Building. Elle fixe immédiatement une date deux mois plus tard pour un séminaire de direction qu'elle me charge de préparer et de coanimer avec un autre consultant qu'elle fait venir d'un pays nordique. Certes, elle ne ressemble pas à Matthieu cette femme, mais elle en a sous le pied et je sens qu'on va bien s'entendre.

Me voilà en piste pour un de mes exercices favoris : la tournée des popotes. Je prends rendez-vous avec chaque membre de la Leadership Team, que je connais déjà et que j'ai déjà accompagnée, avant et pendant le drame. Là, c'est la curée. Chacun y va de sa rancœur, de sa frustration, de ses a priori sexistes et germanophobes, sauf trois : Zoltán et François-Xavier, deux nouveaux embauchés recrutés par Matthieu qui n'avaient pas encore pris leur poste au moment de son décès, et Katharine, que Matthieu avait promue contre l'avis général qui la trouvait inexpérimentée et trop taiseuse.

Pour résumer, avec trois alliés et douze opposants, elle n'allait pas aller bien loin, mon Erika. Je la voyais bien finir comme le pétrolier du même nom si elle ne changeait pas de cap vite fait. Sauf que, sauf que... L'escalade d'engagement* était déjà bien entamée et je voyais chaque protagoniste se retrancher dans son camp : Erika seule dans le sien, les douze opposants bien soudés dans le leur, et les trois alliés en retrait, au point qu'Erika ne les calculait même pas. C'était elle contre le reste du monde.

En partance pour une semaine de supervision en Italie, je lui passe un coup de fil pour lui donner un peu de contexte avant notre dernier rendez-vous de préparation du séminaire, prévu à mon retour. Les membres de la Leadership Team viennent de perdre non seulement leur ancien patron adoré, mais aussi le projet pour lequel il les avait recrutés. Ce double deuil est intolérablement douloureux et, même s'il n'excuse pas leurs comportements odieux, il les explique. Et moi, arpentant de long en large la mosaïque qui remplace aujourd'hui l'ancienne gare de Bologne pulvérisée par un attentat des Brigades rouges, d'exhorter Erika à la patience.

- Cécile, fous êtes trop chentille, ce sont des enfants gâtés !

- Erika, vous ne gagnerez pas un bras de fer seule contre quinze, ni même contre douze.

- Alors si fous aussi fous fous y mettez, che fais peut-être defoir refoir mes plans pour le Leadership Team Building !

Catastrophée, j'apporte le sujet en supervision le lendemain. Mon superviseur me répond, en substance :

- Plus tu essaies de l'empêcher de mener son bras de fer, plus tu renforces sa détermination... Et plus c'est toi qui vas en subir les conséquences. Tu lui as dit ce que tu avais à lui dire, maintenant, écarte-toi et laisse-la faire.

- Mais elle va foncer dans le mur !

- Attends. Écarte-toi, et tu verras.

À mon retour, je m'excuse auprès d'Erika d'avoir été trop insistante et de ne pas avoir mesuré la difficulté de sa situation. Visiblement touchée, ma cliente s'excuse aussi d'avoir haussé le ton. La relation repart, apaisée et renforcée par ce mea culpa réciproque. Lors de cette réunion, j'apprends avec plaisir que la très discrète Katharine a pris l'initiative de proposer une contribution à la préparation du séminaire. Proposition qu'Erika s'est empressée d'accepter. Zoltán et François-Xavier, qui n'ont pas vraiment de deuil à faire, ne tardent pas à emboîter le pas à leur habile collègue. Enfin, mon co-animateur, une espèce d'Elton John scandinave ventru et rigolard, se joint à nous. La préparation du séminaire se termine dans la bonne humeur, notamment parce que plus personne n'essaie de faire entendre raison à Erika sur la manière dont elle doit gérer ses relations avec son équipe.

Dans la voiture qui nous emmène sur le lieu de séminaire, Erika me montre son discours d'ouverture, dans lequel elle explique pour la énième fois à sa Leadership Team qu'ils et elles n'ont rien compris, et me demande ce que j'en pense.

- Vous êtes devant une alternative stratégique* très difficile, Erika. Vous pouvez y aller comme ça, et déclencher une guerre ouverte.

Ou vous pouvez être plus stratégique. Mais ça, ça va faire très, très mal à votre fierté. Dans les deux cas, ça va être vraiment très dur pour vous... Mais c'est votre choix de DG. Quoi que vous décidiez, je suis là pour vous.

- Ach... mais comment che fais, pour être plus stratéchique ?

Le lendemain matin, l'équipe l'attendait dans la salle de séminaire, fond de fauteuil, regards torves et bras croisés. Erika s'est levée et s'est placée face au groupe de manière à être soutenue par les regards de Zoltán et François-Xavier, que Katharine avait fait asseoir à côté d'elle. Serrant son châle autour de ses épaules et la voix tremblante, Erika a entamé la journée en français : « *Si che tevais reprentre mon poste auchourt'hui, che m'y prentrais autrement. Che m'y suis mal prise avec fous, et che le regrette.* » Dans la salle, plusieurs membres de la Leadership Team ont baissé la tête, penauds. À la première pause, la DirCom, une tessinoise avec un cœur gros comme ça, est allée prendre sa patronne dans ses bras. Je garde de cette journée un souvenir d'arc-en-ciel, avec beaucoup de soleil derrière les larmes. Le soir après dîner, la Leadership Team tout entière m'a charriée quand j'ai avoué être incapable de chanter *Gigi l'Amoroso*[14] pour participer au challenge karaoké qui s'est terminé sur les coups de deux heures du matin.

Si mon superviseur ne m'avait pas fait vivre l'expérience émotionnelle* de la position basse stratégique* dans ma relation avec Erika, je n'aurais pas su l'amener à faire le même geste auprès de son équipe. Le souvenir du courage et de l'humilité de cette femme ne me quittera jamais.

---

[14] Chanson interprétée par Dalida en 1974.

23

J'ai trop écouté mon client

Ou comment j'ai appris que dans empathie stratégique*, il y a « stratégique ».

Jeune cadre prometteur de la fonction publique, Loïc avait pris un poste au sein de l'administration centrale de son ministère à Paris, démontrant par là une mobilité géographique indispensable pour faire carrière. Il avait laissé à Brest femme et enfants, qui n'avaient pas envie de le suivre dans chacune de ses affectations. Surtout en région parisienne. Bien que très à cheval sur la corvéabilité des cadres au forfait, son sous-directeur le laissait partir à temps le vendredi pour attraper le TGV de 18h52 à Montparnasse. Puis Loïc reprenait le 20h16 le dimanche, pour retrouver son studio à Levallois vers une heure du matin.

Ce train de vie était si austère pour toute la famille qu'au bout d'à peine un an, Loïc avait demandé sa mutation pour retourner à Brest. Son sous-directeur lui avait alors fermement conseillé de rester en poste au moins trois ans s'il voulait vraiment avoir un avenir à la mesure de ses ambitions au sein de cette administration. Loïc s'était donc résolu à égayer ses semaines en prenant des cours de théâtre d'impro, proposées par la mairie de Levallois le mardi soir. De fil en aiguille, il était tombé amoureux d'une de ses camarades d'impro, Caroline, beaucoup plus jeune, et célibataire.

Cette double vie s'était révélée fort confortable... Jusqu'au moment où le sous-directeur avait fini par annoncer à Loïc qu'il émettrait enfin un avis favorable à sa demande de mutation. Là, Loïc s'était mis à déprimer. Au point que son sous-directeur, désarçonné par cette réaction inattendue à ce qu'il pensait être une excellente nouvelle, avait alerté la responsable des RH. Cette dernière, trouvant cette crise de la mi-carrière un peu précoce, avait immédiatement reçu Loïc en entretien pour en avoir le cœur net. Au passage, elle avait rappelé au sous-directeur d'un air pincé qu'il fallait rendre les agents acteurs de leur parcours professionnel et les inciter à solliciter leur conseiller carrière plutôt que de penser à leur place. Non mais !

Voilà, en peu de mots, le récit que Loïc m'a fait de sa situation quand nous nous sommes retrouvés seuls. Inutile de vous dire que la responsable des RH en avait eu une version très expurgée, et que l'entretien de carrière avait porté sur de tout autres sujets. Enfin, pas tout à fait, a nuancé Loïc : « *L'objectif de ce coaching est de m'aider à clarifier mes choix pour la suite de ma carrière. C'est bien de cela qu'il s'agit, même si mes choix personnels et professionnels sont intimement liés.* » Il avait de l'humour derrière ses yeux tristes, ce galopin. Je l'aimais déjà bien.

Au bout de la première séance, que nous avions convenu de faire au soleil d'avril sur un banc calme de l'Esplanade de la Défense, Loïc n'avait toujours pas fini de vider son sac. J'ai décidé d'être patiente, et de le laisser continuer la fois suivante.

Quinze jours plus tard pour la deuxième séance, nous devons nous rabattre sur une salle de réunion de sa tour de bureaux pour échapper aux averses. Autour d'un gobelet d'ersatz de café, le vidage de sac reprend de plus belle. Voyant l'heure tourner alors que je pense avoir bien cerné le problème, je tente quelques recadrages*. Mais à chaque fois, Loïc revient à la charge sur l'air de : « *Il y a une chose importante que je ne vous ai pas dite, pour que vous compreniez bien la situation.* » Et à la fin de la séance, mon adorable client de soupirer d'aise : « *Ah que ça fait du bien, de pouvoir parler à quelqu'un qui m'écoute vraiment ! Parce que je ne peux en parler à personne d'autre que vous, Cécile... Ni à mes collègues, même si un paquet d'entre eux sont dans la même situation que moi, ni à ma femme évidemment, ni à mes copains que cela mettrait en conflit de loyauté entre elle et moi... Quant à Caroline, elle me met une pression d'enfer pour que je me décide. C'est du reste un peu dégueulasse de ma part de la maintenir dans une attente qui s'éternise. Je DOIS choisir. Sans compter que mon sous-directeur s'impatiente : il aimerait bien publier ma fiche de poste maintenant, pour ne pas se retrouver le bec dans l'eau à mon départ. Et la responsable des RH, qui s'inquiète et parle de me faire rencontrer l'assistante sociale...* »

La fois d'après, Loïc a de nouvelles anecdotes à me raconter pour illustrer l'impossibilité dans laquelle il est de choisir entre deux femmes, deux carrières, deux vies. La fois d'après, toujours pareil. Moi qui n'ai habituellement pas peur de consacrer quelques séances à construire une alliance avec un client, je commence quand même à sentir l'atteinte des objectifs de ce coaching nous échapper. Je vois très bien ce qui se joue : plus son entourage le presse de choisir et l'accable de sollicitude, plus Loïc a du mal à se décider. C'est très désagréable, quand le confort du non-choix se mue en souffrance... Mais si l'entourage de Loïc, malgré ses efforts de persuasion, ne parvient pas à le faire basculer d'un côté ou l'autre de l'alternative, inutile de rajouter une couche de toujours plus de la même chose*. Je me contente de l'écouter, au lieu de lui faire contempler d'un peu près les conséquences à plus long terme de son non-choix.

Loïc m'a beaucoup parlé, je l'ai beaucoup écouté... L'été est arrivé et son problème est resté entier. Ou plutôt, sa femme a pris les choses en mains. Un soir, Madame Loïc a rendu une petite visite à Caroline, dont un enquêteur stipendié lui avait fourni l'adresse. Elle a sifflé la fin de la récré et elle est rentrée à Brest avec son mari sous le bras. Rien que de très banal, si ce n'est que les implications professionnelles de ce non-choix n'étaient pas avantageuses pour la carrière de Loïc, loin de là. Loïc n'a pas osé renoncer à sa mutation, sous peine de commettre le crime impardonnable de contrarier sa hiérarchie ; la responsable des RH s'est déclarée agréablement surprise de voir ce dossier aussi rondement mené ; le sous-directeur a conclu que tout était bien qui finissait bien et s'est rengorgé de l'excellente initiative qu'il avait prise. À la fin du coaching, Loïc a fait un feedback gentil pour permettre à chaque partie prenante de sauver les apparences, mais ni lui ni moi n'étions dupes.

Vous vous demandez peut-être pourquoi je n'ai pas classé cette histoire au chapitre des erreurs éthiques*. C'est simple. Je pense que le problème n'est pas là, n'en déplaise à mes profs britanniques qui considèrent que l'adultère constitue un cas de conscience déontologique. En la matière, je suis d'une non-normativité* toute Palo Altienne et je m'y tiens. Par ailleurs, je suis suffisamment témoin des interférences entre vie pro et vie perso depuis trente ans que j'accompagne des managers pour savoir que séparer strictement les deux n'a aucun sens. Mon focus est certes professionnel, mais quand les événements de la vie privée de mes clients viennent percuter leurs capacités ou leurs décisions professionnelles, il faut bien se les coltiner, ces aspects privés. Du moins, ceux qui jouent un rôle dans la survenue, l'entretien ou la résolution du problème qui m'est soumis. Ni plus, ni moins. En tout cas c'est mon éthique* professionnelle et je l'assume.

Mon erreur en l'espèce, c'est de ne pas avoir su trouver de stratégie de résolution de problème* entre d'une part mon écoute trop empathique, et d'autre part les tentatives de solution* de l'entourage de mon client. Qu'aurais-je pu lui proposer pour que dans son esprit, le non-choix devienne encore plus insupportable qu'un choix, si douloureux soit-il ?

Sur ce, j'ai revu *Sur la route de Madison*[15] pour la vingt-septième fois et j'ai pleuré comme un veau.

---

[15] Un drame de Clint Eastwood sorti en 1995, avec Meryl Streep et Clint Eastwood.

Je vous comprends tellement
que je vais avoir du mal à
vous challenger...
Tesson

24

J'ai posé des questions auxquelles j'avais les réponses

Ou comment je me suis pris les pieds dans les tentatives de solution* de ma cliente.

Judith était une brillante avocate d'affaires, qui élaborait des montages juridico-financiers sophistiqués pour de très gros clients dont, lâchement, je préférais ne pas entendre parler trop en détail. Autant ses talents juridiques étaient réputés, autant Judith se comportait comme une parfaite goujate avec les équipes du cabinet. Et ça commençait à faire désordre : un collaborateur venait de faire fuiter un enregistrement clandestin pas piqué des vers sur Balance ton Agency.

Son cabinet avait monnayé très cher le silence du collaborateur, prévenant Judith que si ce genre d'incident se reproduisait, les indemnités transactionnelles seraient prélevées sur ses honoraires. Puis Lewis, l'associé en charge des RH que je connaissais d'une vie d'avant, m'avait missionnée pour apprendre les bonnes manières à Judith en matière de management. La clientéliser* pour ce coaching n'avait pas été une partie de plaisir. Vexée, Judith s'en était prise à moi et j'avais dû menacer de jeter l'éponge pour me faire respecter. Odieuse mais pas idiote, Judith avait bien compris qu'elle n'avait pas intérêt à ce qu'une personne de plus lui claque la porte au nez. Elle s'était alors résignée de très mauvaise grâce à ce coaching.

Nos séances commencent, au siège du cabinet du côté de l'avenue George V. Rien n'est confortable pour moi dans ce coaching : ni le sourire obséquieux du réceptionniste, ni les regards par en dessous des collaboratrices que je croise dans le salon d'attente, ni l'odeur de cigare froid qui imprègne la salle de réunion agrandie à l'infini par deux trumeaux en vis-à-vis, ni les interruptions de nos séances par des coups de fil que Judith doit absolument prendre. Cela étant, je me surprends à prendre plaisir à ces discussions. Ma cliente a fini par accepter qu'elle a quelque chose à gagner à ce travail sur elle, et commence à mettre son intelligence et son niveau d'exigence tyrannique au service de notre collaboration. J'ai pas dit qu'elle est sympa, hein. Ni cool. Mais j'avoue que ces joutes verbales possèdent un piquant qui me stimule beaucoup. En effet, Judith ne me laisse rien passer et m'oblige à une rigueur millimétrée. Pif ! Votre reformulation est imprécise. Paf ! Votre question est mal formulée. Repaf ! Votre stratégie est mal affûtée. Et pif et paf ! Alors Cécile, vous mollissez ? J'ai vite appris à ne prendre aucun autre rendez-vous les jours où je la vois. Je rentre chez moi pantelante à chaque fois, mais vu les fortunes que Lewis me paye rubis sur l'ongle, je trouve tout ça de très bon aloi. Au fond, c'est d'une partenaire de boxe qu'elle a besoin cette femme, que je devine seule à en crever.

Judith et moi nous entendons de mieux en mieux, Lewis nous fait des retours très encourageants, peut-être que je relâche ma garde, je ne sais pas. Un jour, Judith et moi discutons d'un sujet à propos duquel j'ai un avis précis. Voulant éviter de lui donner un conseil qu'elle va probablement rejeter, je continue à poser des questions. Judith commence à s'agacer. « *Mais enfin Cécile, où voulez-vous en venir avec vos questions ?* » Je trouve une nouvelle façon de formuler ma question. « *Mais je n'en sais rien ! Qu'est-ce que vous voulez me faire dire ?* » Et là, je perds pied. Excédée, Judith finit par exploser : « *Écoutez-moi bien Cécile. Si vous avez des conseils à me donner, je les écoute avec intérêt parce que vous êtes d'excellent conseil. Mais de grâce, n'essayez pas de me manipuler en me posant des questions auxquelles vous avez la réponse. Je ne supporte pas d'être prise pour une imbécile, et surtout pas par vous.* »

Je savais très bien que si je ne me relevais pas très vite de ce K.O., cette relation d'estime chèrement gagnée était pliée. J'avais besoin d'un soigneur de toute urgence. Mon superviseur n'était pas disponible et je savais qu'il n'était pas fan de cette relation qu'il qualifiait de sado-maso. Restaient les moyens du bord. J'ai épluché tous mes livres de coaching, mes référentiels de compétences, mes notes de supervision pour chercher une réponse que je n'ai pas trouvée.

Vers quatre heures du matin, ne trouvant pas ce que je cherche, je m'allonge sur le canapé de mon bureau pour essayer de dormir. Au bout de deux heures d'un demi-sommeil fébrile, je me relève comme un lendemain de cuite et me mets à écrire. « *Judith, vous avez trouvé une des neuf manières de me mettre en échec, je vous félicite. Il vous en reste huit à mettre au point et à tester. Je vous demande s'il vous plaît d'en avoir fait la liste d'ici notre prochain rendez-vous. Nous choisirons ensemble dans quel ordre les essayer et selon quels critères en évaluer l'efficacité.* » Quand elle m'a rappelée dans la soirée, se confondant en excuses de m'avoir brutalisée sans avoir eu l'intention de le faire, j'ai su que le match pouvait reprendre. Mais plus sur le terrain intellectuel, où elle me dépassait d'une bonne tête : sur le terrain relationnel, où j'étais sans conteste beaucoup mieux équipée qu'elle et surtout, mandatée.

Malgré les objectifs de ce coaching qui étaient clairement relationnels, je m'étais laissée entraîner par ma cliente sur le terrain de la joute intellectuelle... qui était la massue avec laquelle elle écrasait tout son entourage sans états d'âme. Rentrer dans sa logique, c'était l'inciter à faire toujours plus de la même chose*, pour toujours plus du même résultat parce que moi aussi, je m'étais laissée écrabouiller. Me replacer sur le terrain relationnel, c'était d'une part revenir au mandat qui m'avait été confié, mais aussi reprendre une position haute*, la seule que Judith respectait.

25

J'avais un marteau... et j'ai pris mes clients pour des clous

Ou comment j'ai appris que sans stratégie*, un outil ne vaut rien.

Je venais de me former au codéveloppement[16]. J'avais trouvé ma formation géniale, animée en québécois dans le texte par le fin et chaleureux Michel Desjardins. J'étais au taquet pour faire bénéficier ma clientèle au grand complet de ce merveilleux outil d'apprentissage entre pairs.

Pour aligner les planètes, Saïd, un manager d'équipe comme on aimerait en voir plus souvent, m'appelle et me dit : « *Mon équipe, fraîchement formée au sortir d'une fusion, a besoin d'une formation sur-mesure pour mettre en commun et harmoniser leurs outils de travail. Ma chère Cécile, tu as carte blanche.* » Le pied.

J'étais tellement à fond qu'avant même de rencontrer l'équipe et d'entendre ce que ses membres avaient à dire, j'avais décidé que le codéveloppement était la méthode idéale pour remplir ma mission : après tout, il s'agissait d'un groupe de pairs, le savoir qui allait être échangé ne se trouvait pas dans les livres ; et l'entraide, pour créer des liens, c'était quand même le top. Même en rêve, je n'aurais pas pu rêver méthode plus adaptée.

J'arrive en avance pour préparer notre première séance. Café, petits gâteaux, tables superflues rangées dans un coin de la pièce pour aménager un espace de travail collaboratif... Je ne ménage pas mes efforts pour créer un environnement accueillant. Les membres de l'équipe arrivent tous ensemble. Saloua, Adama et Lucile ont tous une tasse à la main et refusent poliment le café que je leur offre. Saïd reste quelques minutes pour me présenter, reposer les objectifs de ce qu'il

---

[16] Méthode d'apprentissage entre pairs développée au Québec par Adrien Payette et Claude Champagne dans les années 1990, popularisée en France à partir d'environ 2015.

appelle une « formation outils » et rappeler au groupe que Maeva, la quatrième de l'équipe, est encore en arrêt pour six semaines et qu'il faut commencer le partage des outils sans elle. Léger mouvement de réticence dans les rangs.

Le cadrage démarre autour de l'état des lieux, des objectifs, du calendrier, des points de vigilance, tout roule. Puis dans un roulement de tambour, je sors ma grande annonce de mon chapeau : nous allons utiliser une méthode canadienne formidable pour mener ce projet de mise en commun des outils de l'équipe… Ratatatam… Le codéveloppement ! On a encore le temps ce jour-là de faire un tour à blanc pour se familiariser avec l'approche. J'explique, je rassure en disant que je vais faire des rappels méthodo à chaque étape, puis demande qui est volontaire pour soumettre un premier sujet au groupe. Regards gênés, silence embarrassé… rien ne vient. Habituée à obtenir ce que je veux par le silence, je me tais jusqu'à ce que Lucile, la volubile, se dévoue. Et là, déception. La conversation ne prend pas, personne n'ose poser de question, ça patine complet. Je les quitte là-dessus, me disant que j'ai mal expliqué la méthode.

Quinze jours plus tard, la deuxième séance ne donne rien non plus, bien que Saloua, la doyenne du groupe, ait proposé un sujet qui aurait dû intéresser tout le monde. Alors que je cherche à savoir ce qui les retient, Adama me dit timidement que se poser des questions mutuellement, c'est pas dans la culture de la maison. « *Nous, on nous demande pas de poser des questions, on nous demande de faire* ». Avec un manager comme Saïd, cette affirmation me semble friser la mauvaise foi. Mais bon, il faut bien que je me rende à l'évidence, ça ne marche pas et je ne comprends pas pourquoi. Il va falloir que j'en parle à la réunion de suivi de ma formation au codéveloppement, qui a lieu à quelques semaines de là.

Cette réunion de suivi a lieu en ligne, plusieurs années avant que le Covid n'impose la visio au monde entier. C'est ma première expérience en ligne et je trouve ça rudement efficace. Je me précipite pour proposer mon sujet, que le groupe va traiter en codéveloppement puisque nous sommes là pour nous entraîner à la méthode. J'expose mon cas, le groupe commence à poser des questions de clarification qui me grattent déjà. Avec sa fermeté décontractée habituelle, Michel retoque quelques questions induites dans lesquelles je sens pointer la désapprobation de mes pairs. Arrive la phase de suggestions et là, j'en prends plein la gueule. « *On dirait que tu es prête à faire n'importe quoi pour leur imposer du codev* », me dit l'un de mes pairs. « *Le codev n'est pas un kit d'apprenti chimiste et tes clients ne sont pas tes cobayes !* », m'assène une autre. « *Occupe-toi de leur besoin avant de satisfaire ton envie.* » Michel régule, trouvant au passage que « *Vous aut' maudits Français êtes pas trop bons pour faire la différence entre être franc pis être brutal quand vous donnez du feedback.* » Quoi qu'il en soit, le message est passé cinq sur cinq, je fais n'importe quoi.

Ainsi rhabillée pour l'hiver, je retourne voir Saïd pour creuser les raisons du blocage avant de revoir son équipe. Chaleureux et disponible comme toujours, il m'emmène au troquet du coin pour bavarder. « *Mes loulous savent qu'une fois les outils et méthodes partagés, il n'y aura plus de boulot pour quatre. Et ils ont raison. Ce qu'ils n'ont pas encore mesuré, c'est qu'entre le congé maternité de Lucile, les vacances de Saloua et le départ en mobilité d'Adama, ils ne seront plus que trois dès le mois prochain. Et encore : ça, c'est si Maeva revient d'arrêt maladie à la date prévue* », me répond-il placidement en finissant sa bière.

Ah donc, si je comprends bien, les loulous, comme les appelle Saïd, ont peur pour leur emploi... Une excellente raison de freiner des quatre fers devant une formation destinée à leur faire gagner de la productivité et à les rendre interchangeables... Mais comment ai-je pu être à ce point aveugle à l'évidence ? Plus je pousse et plus ça freine, c'est parfaitement logique. Les écarts entre les outils et méthodes de chacun protègent parfaitement les quatre équipiers contre toute tentation productiviste de la direction. Mais - et cet élément me fait entrevoir une stratégie possible - avec de tels écarts de pratique, pas d'entraide possible en cas d'absence.

Je partage alors avec Saïd le remède le plus efficace que je connaisse pour soigner les grosses peurs : opposer une peur plus grande à la peur actuelle. En l'espèce, rendre l'impossibilité d'entraide plus problématique pour son équipe que les suppressions de postes qu'elle redoute.

Saïd pige au quart de tour, trouve ça très astucieux et accepte de venir introduire la séance suivante, à laquelle se joint Maeva qui vient de reprendre le boulot. Une fois tout le monde installé, Saïd, assis sur un coin de table, distribue un planning des absences et mobilités à venir avant de mettre les choses en perspective :

> - Mes loulous, vous avez super bien bossé. Les échéances, les enjeux, les points de vigilance, vous avez parfaitement posé le problème, je vous félicite. Vous avez peur que cette formation nous mène à la suppression d'un poste ? Vous avez raison. Et

si j'en crois le calendrier que je viens de vous faire passer, rien qu'avec vos absences respectives, vous ne serez plus que trois dès le mois prochain.

(Silence effaré, que Saïd laisse planer jusqu'à ce que Lucile prenne la parole)

- Mais alors, comment on va faire ?

- Eh ben... Vous pouvez continuer à ne rien faire, et vous allez souffrir comme des bêtes quand Lucile sera partie en congé mat'. D'autant que ses clients internes ne sont pas des tendres. Et quand tu reviendras, Lucile, c'est toi qui vas en baver à devoir réinventer l'eau chaude pour remplacer Saloua. Ou bien... Vous pouvez vous mettre tout de suite à mettre en commun et harmoniser vos outils, en espérant être prêts à vous entraider le mois prochain. Ça va être juste-juste. »

Et Saïd de conclure, l'œil pétillant sous l'épaisse broussaille de ses sourcils : « *C'est vous qui voyez, mes loulous.* »

Au démarrage de la quatrième séance quinze jours plus tard, le plan de transfert était prêt, sans aucune intervention de ma part. La cinquième séance n'a jamais eu lieu : Lucile était partie prématurément en congé mat', non sans avoir célébré avec ses collègues le fait que tout le monde était prêt à la remplacer. De retour au bureau trois mois plus tard, elle avouera qu'elle avait été quand même un peu vexée que l'équipe ne l'ait jamais appelée pour lui demander comment tenir son poste.

« *Quand on a un marteau, tout ressemble à un clou.* » Ce piège est d'une banalité affligeante, et tous les apprentis doivent y tomber, quel que soit leur métier. La particularité du coaching, c'est que les formations sont courtes et, marketing oblige, de plus en plus axées sur des outils. Or selon moi, mais je suis loin d'être la seule à le penser, ce qui fait l'efficacité d'une méthode de résolution de problèmes, c'est avant tout d'avoir une stratégie de résolution une fois qu'on a bien posé le problème. Les outils ne viennent qu'au service de la stratégie. La pression du marché en faveur des outils, relayée tant par les écoles de coaching que par les entreprises clientes et les coachs néophytes qui ont besoin de se rassurer, est pernicieuse. Elle mène à des impasses comme celle dans laquelle je me suis fourvoyée, déçoit les clients, et décrédibilise notre métier.

ERREURS ÉTHIQUES

26

J'ai accepté un sale boulot RH dans une entreprise où j'étais référencée comme coach

Comment j'ai pris la mesure des implications économiques des règles déontologiques* relatives aux conflits d'intérêts*.

Vincent a été mon principal client pendant près de sept ans. À l'époque, il était secrétaire général d'une grosse agence de communication. Il m'appelle un jour pour me demander de coacher une équipe, le temps que Blandine, la PDG, trouve le courage de licencier la responsable de l'équipe en question. D'après Vincent, cette manager possède un gros pouvoir de nuisance sur tous les membres historiques de l'agence, notamment au sein du Codir. C'est pourquoi Blandine veut limiter les risques. Je dois donc coacher l'équipe de communication événementielle avec à sa tête Marie-Paule, laquelle n'est pas au courant du sort qui l'attend. L'objectif officiel, pour Vincent, c'est d'amortir le choc de la rupture pour tout le monde. Accessoirement, il s'agit de donner à Blandine les arguments pour passer enfin à l'action. « *Ça ne peut plus durer, tu comprends : le turn-over atteint des sommets et les résultats de l'agence s'en ressentent. Ça fait des années que Blandine se plaint de Marie-Paule sans rien y faire, mais maintenant, l'agence est au pied du mur. La concurrence nous tourne autour avec une insistance grandissante et je ne sais pas combien de temps on va pouvoir conserver notre chère indépendance. On te connaît bien comme coach, tout le monde te fait confiance pour nous aider à gérer cette situation délicate.* » rajoute Vincent, comme pour me rassurer.

Je commence par réunir l'équipe, au sein de laquelle j'observe immédiatement des interactions* dysfonctionnelles en pagaille. La plus énorme étant l'adjointe de Marie-Paule, qui se présente comme sa nounou, heureuse de tout faire à sa place. Je reçois ensuite chaque membre de l'équipe individuellement. Je suis choquée de la violence avec laquelle ces gens se lâchent à propos de leur responsable. La seule qui va regretter Marie-Paule, et encore, c'est sa lèche-botte d'adjointe, que je soupçonne de lorgner la place de sa cheffe et de lui savonner la planche sous couvert de dévouement. Les membres de l'équipe se tirent dans les pattes, se jalousent, me livrent obligeamment des ragots infâmes pour se décrédibiliser mutuellement... Quel que soit l'angle par lequel j'observe le fonctionnement de cette équipe, ça pue.

Je commence également à coacher Marie-Paule en sa qualité de responsable, et je la trouve plus attachante qu'on ne me l'a présentée jusqu'ici. Elle a parfaitement conscience que son management n'est pas efficace, elle sait pourquoi, elle fait une part des choses que je trouve assez lucide entre sa part de responsabilité et celle de l'agence... « *Le management, ça ne m'a jamais intéressée. Moi, je suis une créative. À mes débuts dans l'agence, j'étais en charge des relations publiques du fondateur. On s'entendait à merveille ! Lui c'était le cerveau. Moi, j'étais la plume et la voix.* » Je repère rapidement qu'elle ne tient pas plus à son rôle de manager que ça, mais que divorcée, ayant dépassé cinquante ans et avec encore deux enfants étudiants à la maison, elle ne peut pas se permettre de perdre son salaire. Je l'interroge sur ses options, qu'elle n'a pas encore envisagées... À part continuer dans un rôle qu'elle n'aime pas et dans lequel elle sait ne pas donner satisfaction.

Une fois ma tournée des popotes terminée, j'organise un séminaire d'équipe pour partager le diagnostic. À ce stade, j'en ai partagé les éléments clés avec Vincent et Blandine. Le département événementiel n'a pas de stratégie, n'est pas animé et encore moins géré. Chaque membre de l'équipe y va de sa vision des choses et de ses initiatives, sans aucune concertation ni souci d'efficacité collective. Facile d'acquiescer à cette analyse qui n'apprend rien à personne. J'ajoute que si l'agence trouve une porte de sortie honorable à Marie-Paule, dont tout le monde connaît les contraintes familiales, elle ne fera sans doute aucune difficulté à laisser sa place de manager à Madame Lèche-Botte, ou à quelqu'un d'autre.

Le jour du séminaire arrive, et toujours pas de décision de Blandine. Albert, le dessinateur humoristique que j'ai engagé pour faire passer en direct les messages les plus douloureux fait un excellent travail, tout en délicatesse. Des choses importantes sont dites dans une relative bonne humeur, Marie-Paule fait courageusement bonne figure... Mais impossible de clarifier les prochaines étapes à la fin de la journée, Blandine ayant fait savoir à la toute dernière minute par l'entremise de son secrétaire particulier qu'elle a été empêchée.

Vincent, fort contrarié par les atermoiements de sa PDG, me demande de laisser passer les vacances et de prendre Blandine entre quat'z'yeux à son retour. Dans l'intervalle, je fais ce que je peux, dans la limite de ce que j'ai le droit de lui dire, pour amener Marie-Paule à envisager des portes de sortie. Elle ne saisit aucune des perches que je lui tends.

À la rentrée, me voilà un beau matin dans le bureau présidentiel de Blandine, dûment accueillie par son secrétaire particulier, un très joli jeune homme que toute l'agence surnomme « le latin lover de la patronne ». Blandine repart en boucle : elle rechigne à virer Marie-Paule, avec qui elle a un historique compliqué, dont elle connaît les contraintes personnelles, blablabla.

Je dégaine ma bonne vieille alternative stratégique* :

> - Vous avez raison Blandine, c'est détestable de n'avoir le choix qu'entre la peste et le choléra. Ou bien vous la virez et vous passez pour une méchante... Pire, vous n'êtes pas à l'abri d'une vengeance dont toute la profession fera ses gorges chaudes. Ou bien vous gardez Marie-Paule, vous passez pour lâche et incompétente, le turn-over s'accentue, les résultats continuent de dégringoler... Ce qui va logiquement attiser les appétits de prédation de vos concurrents. Dans tous les cas, ça va être hyper dur et les risques pour la pérennité de l'agence sont très élevés.
>
> - Bah, dans notre secteur, on ne meurt pas d'un bad buzz, c'est même plutôt le contraire quand on a du métier... Mais, quand même, je veux bien passer pour la garce de service, ça fait partie de mon boulot, mais pas que Marie-Paule se retrouve à la rue...
>
> - La seule chose que vous pouvez faire pour adoucir un moment qui va être épouvantablement douloureux et humiliant pour Marie-Paule, c'est de l'aider à assurer ses arrières financièrement pour qu'effectivement, elle ne se retrouve pas à la rue. Ce n'est dans l'intérêt de personne d'en faire une martyre.
>
> - Je pourrais lui confier des missions en freelance, par exemple... C'est une bonne idée, ça. Merci beaucoup Cécile, vous m'avez bien aidée.

J'étais pas ultra chaude pour les missions en freelance, mais une chose à la fois.

Quelques jours plus tard, Vincent m'appelle dans tous ses états pour m'annoncer que l'entretien de rupture a eu lieu et que ça a été un carnage. Marie-Paule, en état de choc, s'est fait arrêter par son médecin et Blandine, que l'odeur du sang a dû exciter, est allée elle-même annoncer la nouvelle à toute l'équipe du département événementiel.

Marie-Paule m'a appelée pour m'apprendre ce que je savais déjà. Spontanément, elle a reconnu que je lui avais lancé des perches, qu'elle ne les avait pas prises, et que j'avais toujours été très correcte avec elle. Franchement, je ne méritais pas tant de gentillesse. L'équipe, en revanche, m'a descendue en flammes. Je l'avais manipulée, j'étais complice d'un licenciement ignoble et maltraitant... Mortifiée, j'étais parfaitement d'accord avec tout ça.

Malgré mes relations avec Vincent qui sont restées excellentes, je n'ai plus jamais été contactée pour faire du coaching dans cette agence, qui pourtant en est grande consommatrice. Dès la première année, je perdais plus de chiffre d'affaires que je n'en avais gagné avec cette peu reluisante opération. Des années plus tard, des personnes que j'y ai connues me disent encore : « *Tu t'es fait une réputation de porte-flingue de la présidence, plus personne ne te faisait confiance.* »

Rétrospectivement, j'ai commis un paquet d'erreurs dans cette histoire. La première, c'est d'accepter un mandat à double fond, qui impliquait que je mente, au moins par omission, à toutes les parties prenantes. La seconde, c'est d'avoir intégralement pris sur moi toute la responsabilité du sale boulot que Blandine et Vincent ne voulaient pas assumer. La troisième et peut-être la plus fâcheuse, c'est d'avoir cru pouvoir reprendre impunément ma casquette de coach après avoir endossé, au vu et au su de toute l'agence, celle de porte-flingue. Beau travail, Cécile.

C'est notamment cette expérience qui m'a fait définitivement choisir entre les casquettes de consultante RH et celle de coach. Les deux sont utiles et au fond, il fallait bien que quelqu'un le fasse un jour, ce sale boulot. Mais pas une coach, mandatée depuis des années par l'organisation pour aider les gens à mieux vivre au travail et garder leurs secrets.

27

J'ai failli refuser de porter assistance à une personne en détresse

Ou comment j'ai compris que l'éthique*, c'est aussi une question de conscience personnelle.

Sur la recommandation d'une de ses amies, Giacomo vient jusque chez moi me demander de coacher son fils, un Tanguy[17] de bientôt quarante ans qui vit toujours chez lui. Silhouette de jockey à soixante-dix ans bien sonnés, cheveux blancs coupés court et regard d'acier, il jette un œil à la bibliothèque de mon bureau avant de s'asseoir, droit comme un I, au bord du fauteuil que je lui indique. Très vite, je me rends compte que c'est lui qui a un problème avec son fils, et que ce dernier, récemment rentré en France après avoir passé douze ans dans un ashram à côté de Pondichéry, n'a aucune intention de quitter le confort de la maison paternelle. Je vous la fais courte : Giacomo a exhorté mille fois son fils à se prendre en mains, sans résultat. Puis à se faire aider (pour se prendre en mains, soyons logiques), toujours sans succès. Son amie Oriane, qu'il voit à la piscine tous les matins, lui a donné mon nom car il paraît que je fais des miracles.

- Sacrebleu, des miracles ! Elle y va fort, Oriane. J'aide les gens à résoudre des problèmes relationnels, avec plus ou moins de succès. Pour les miracles, de grâce, veuillez vous adresser à l'étage au-dessus !

- Ah Cécile, vous n'allez pas me laisser tomber ! Mon fils a besoin de votre aide !

- Je pourrai l'aider s'il vient me voir, mais je ne peux prendre aucune initiative, et encore moins lui imposer quoi que ce soit.

- Mais je doute fort qu'il vienne vous voir ! Pourquoi croyez-vous que je sois venu ici ?

---

[17] Anti-héros de la comédie éponyme d'Étienne Chatiliez, 2001.

- Je partage vos doutes, Giacomo. Et s'il ne vient jamais me voir, ce qui, je préfère vous le dire est fort probable, je peux peut-être vous proposer autre chose.

- Dites-moi !

- Eh bien si moi je ne peux pas le coacher directement, je peux peut-être vous aider à le coacher. Nous pourrions par exemple lui concocter quelques petites expériences* susceptibles de lui faire voir la vie autrement...

- Ah ça ma chère, pas question ! Je n'ai jamais vu un psy ou un coach de ma vie, ce n'est pas à mon âge que je vais commencer !

Giacomo reprend ses gants, sa veste cavalière et son chapeau, et quitte mon cabinet, déçu.

Six mois plus tard, il me rappelle en grande détresse : « *J'ai besoin de vous Cécile, ça va très mal. Mon fils a brutalement quitté la maison, je suis totalement seul et j'envisage de me suicider* ». Gloups. Je creuse un peu, pour savoir qui d'autre que moi peut lui porter secours – une généraliste, un thérapeute, une amie, de la famille... Personne. Enfin question thérapeute, j'étais déjà au courant que je ne trouverais personne. Giacomo et moi convenons de nous voir chez lui le lundi suivant, à l'heure du café.

Je prends rendez-vous immédiatement avec un superviseur pour le lundi matin, quelques heures avant d'aller chez lui, et j'annule tous mes autres rendez-vous. En attendant, je stresse comme une malade, je dors mal, et finis par évoquer le sujet dans un atelier auquel je participe pendant le week-end en Angleterre. La prof réagit de manière véhémente : « *Tu n'es pas psychologue, c'est pas éthique*, ce que tu fais !* ». Je ne demande pas mieux que d'adresser ce monsieur à des professionnels de santé, mais à qui et comment ?

Le lundi matin, mon superviseur prend la situation très différemment. « *Ton client a perdu le contrôle* sur son fils, et il essaie de le reporter sur toi. Il fait appel à toi parce qu'il n'a personne d'autre. S'il te dit qu'il n'ira voir ni médecin, ni psy, tu peux le croire. Là où tu peux l'aider, c'est en lui rendant la responsabilité qu'il a posée sur tes genoux, à savoir : celle de son projet suicidaire. Tu vas commencer la prochaine séance par : 'J'ai bien entendu votre projet de mettre fin à vos jours. Qu'attendez-vous de moi* ?'* ».

À l'heure moins deux, je sonne à la porte d'une maison d'architecte du vingtième arrondissement, un étroit parallélépipède de béton brut dans une ancienne rue ouvrière encore bordée de pavillons de meulière. J'ai l'impression d'être entrée sans frapper dans un décor de Tardi. Hélas, sans l'assurance fracassante d'une Adèle Blanc-Sec[18]. Giacomo m'ouvre, m'introduit dans un intérieur ultra-moderne où chaque rayon de lumière est optimisé pour éclairer un espace tout en ombres et en profondeur.

Il me fait faire le tour du propriétaire, m'expliquant comment il a conçu cette maison sur cinq niveaux, surplombés d'une terrasse où sa défunte épouse pouvait venir lire au soleil sans le moindre vis-à-vis, puis nous prenons l'ascenseur vitré pour redescendre au rez-de-chaussée. Je m'assois en silence sur une inconfortable banquette en bois sombre, derrière une table en verre. Giacomo nous fait deux ristrettos, puis vient enfin s'asseoir, le dos et le regard toujours aussi inflexibles.

J'ai démarré la séance comme l'avait conseillé mon superviseur. Surpris, Giacomo s'est tu un long moment. Je peux vous dire que je n'en menais pas large : je voyais déjà son fils m'intenter un procès comme dans *BeTipul*[19]. Puis, il m'a demandé s'il pouvait parler de son projet de suicide avec moi, pour que je l'aide à prendre sa décision. « *Je suis là pour vous aider à prendre toute décision qui sera bonne pour vous* », ai-je répondu. Comme l'avait prévu mon superviseur qui en avait vu d'autres, Giacomo et moi avons parlé pendant des heures de droit à mourir dans la dignité, évoquant de manière très explicite les voies et moyens disponibles à l'époque. Je me souviens qu'il a sorti de son portefeuille une coupure de journal sur laquelle figuraient les coordonnées d'un médecin suisse qu'il pourrait aller voir le jour où il déciderait de contrôler* sa mort, comme il avait toujours contrôlé sa vie. Nous avons travaillé pendant quelques mois pour l'aider à digérer la séparation d'avec son fils, mais je n'ai plus jamais entendu parler de projet imminent de suicide.

Ce baptême du feu m'a au moins appris une chose : entre les cours théoriques d'éthique* et la vraie vie, il y a un gouffre que personne ne peut combler à ma place. Et ce vide, en tout cas celui que cette histoire met en scène, je n'avais pas les moyens techniques de le remplir seule. Certes, j'ai rapidement été au clair sur le principe : refuser de porter secours à cet homme, c'était de la non-assistance à personne

---

[18] *Les Aventures extraordinaires d'Adèle Blanc-Sec* est une série de bandes dessinées créée par l'auteur Jacques Tardi (Wikipédia).

[19] Série TV de Hagai Levi diffusée en 2005. C'est l'original israélien des séries In treatment (US, 2008) et En thérapie (France, 2021). Si vous voulez mon avis, c'est de très loin la meilleure version.

en danger. Mais en pratique, comment faire ? Sans l'aide, directive, de mon superviseur, je n'aurais pas su.

28

J'ai été à deux doigts de me laisser manipuler par une cliente

Ou comment j'ai appris à poser des limites éthiques* à mes interventions.

Hélène, directrice d'exploitation de site industriel, a une demande très claire. Elle s'est déjà renseignée sur les différentes manières d'y répondre et a identifié le coaching comme la meilleure option. Elle a pris des références, connaît les prix du marché. Bref, Hélène sait ce qu'elle attend de moi : que je l'aide à progresser dans le management de ses équipes. Je m'enquiers de la possibilité d'une réunion de cadrage tripartite avec son PDG, puisque ce coaching est financé par l'entreprise. Elle me répond qu'elle va lui poser la question, mais qu'il ne faut pas en faire un point bloquant. Soit.

La première séance a lieu juste avant les vacances d'été, à la cantine du site, déserte en milieu d'après-midi. Hélène ressemble en tous points à l'image que je me suis faite d'elle. De sa démarche à sa poignée de main, de sa voix à son regard, tout en elle est énergique et décidé. Ce qui est nouveau en revanche, c'est la colère. Selon elle, son nullard de PDG n'est à la hauteur de rien. Pas de vision, pas de courage managérial, pas de soutien de ses équipes, pas de présence et surtout, surtout : pas de reconnaissance. Je peine à reconnaître le brief de départ dans ce déballage et demande à ma cliente :

> - Qu'attendez-vous de moi*, Hélène ?
>
> - Puisque la seule chose que j'ai pu obtenir de mon PDG c'est ce coaching, je veux m'en servir pour me venger de lui !

Trop estomaquée pour répondre, je lui souhaite de bonnes vacances et rentre chez moi, un peu sonnée. Je traîne cet inconfort pendant toutes mes vacances, ne sachant pas comment m'en débarrasser. Par chance, j'ai l'occasion d'apporter ce sujet dans un groupe de supervision auquel je participe avant la rentrée. J'espère y trouver une réponse au profond malaise que je ressens vis-à-vis de la demande d'Hélène. À l'issue d'une consultation où je me sens terriblement inadéquate et incompétente, je comprends que je dois mettre fin immédiatement à ce coaching, qui ne répond pas aux critères déontologiques de la profession. En rentrant chez moi, je me demande comment faire pour vivre de ce métier si je dois refuser autant de missions qui me sont proposées... Alors que si je les prenais toutes, j'aurais déjà du mal à payer mon loyer.

La fois suivante, Hélène arrive plus calme. Je me suis préparée pour aborder cette séance que je redoute.

- Qu'attendez-vous de moi aujourd'hui, Hélène ?

- Je vous l'ai déjà dit, Cécile : je veux que vous m'aidiez à me venger de mon PDG.

- Vous avez toutes les raisons du monde d'être en rage contre votre patron, qui vous laisse seule assumer des décisions qui devraient être les siennes, ne vous soutient pas, ne répond pas à vos demandes et ne reconnaît pas votre valeur. Si j'étais vous, j'aurais aussi furieusement envie de me venger. Comprenez par ailleurs que si c'est lui qui me paye, le code de déontologie* de ma profession m'interdit d'être la complice de votre vengeance. Vengez-vous si c'est ce qui est bon pour vous, mais sans moi.

- Ah... Bon... Je suis très déçue... Laissez-moi réfléchir.

Le lendemain de cette courte séance, Hélène me rappelle. « *Cécile, je me suis rendu compte que j'étais allée beaucoup trop loin. Je me laisse trop atteindre personnellement par ma relation avec mon PDG et ça ne peut plus durer. Si je vous demande de m'aider à prendre de la distance pour mieux vivre cette relation, vous voulez bien m'accompagner ?* »

Hélène et moi avons très bien travaillé ensemble par la suite.

Apprendre à poser des limites, ce n'est pas comme ça que j'ai été éduquée, ni enfant, ni au début de ma carrière. Ça m'a pris des années, que dis-je, des décennies et je me surprends encore à le faire trop tard, ou pas de la bonne manière car c'est toujours un effort pour moi. Je me console en remarquant que c'est le lot de beaucoup, beaucoup des coachs que je reçois en supervision.

Cela étant, j'ai quelques raisons de penser que ce n'est pas qu'une question d'éducation. Le coaching traîne une image trompeusement irénique : à force de tout noyer dans la bienveillance et l'empathie, on oublie que c'est un métier qui demande de savoir naviguer dans des rapports de pouvoir, de domination et de manipulation... Auxquels beaucoup de coachs croient échapper en quittant le salariat. Il n'en est rien. Je crois également que l'asymétrie abyssale entre la précarité du statut de coach indépendante et la puissance économique des entreprises qui les font travailler entretient des rapports de soumission qui sont rarement sains. Très rares sont les coachs qui ont le luxe de pouvoir tenir tête aux clients qui abusent. Mais ça, je n'en ai entendu parler dans aucune école de coaching où je suis allée, et j'en ai fréquenté quelques-unes.

29

Un client m'a remis des documents confidentiels qui ne lui appartenaient pas

Ou comment j'ai appris à dire non à mes donneurs d'ordres*

Un très, très vieux souvenir. Thomas, un tout jeune Responsable RH qui venait de prendre son premier poste dans une chaîne de télévision, me convoque un jour pour me confier le coaching de Maï Lan, une cadre supérieure de la chaîne. D'après lui, elle a de sérieux soucis relationnels. Quelle surprise, dans ce milieu que je connais pour ses tolérances comportementales souvent limites... Pour que je me fasse une meilleure idée de l'intéressée, Thomas prend, sur une étagère de son bureau avec vue sur Seine et sur les concurrents de l'autre rive, un dossier contenant des rapports d'assessment center, d'évaluation à 360° et les résultats d'un test psychométrique au nom de Maï Lan. Horrifiée par une telle indiscrétion, je n'ouvre pas le dossier, qui traîne sur mon bureau pendant des semaines.

Ne sachant pas comment gérer cette inconfortable situation, je décide de l'apporter à ma toute première séance de supervision. J'arrive au cabinet où reçoit ma superviseure hyper motivée, curieuse et pleine d'espoir. Au bout d'une copieuse demi-heure d'attente dans un réduit aveugle, elle me fait entrer dans une pièce immense et presque vide, au milieu de laquelle flotte un bureau au design prétentieux. Dans un coin, une banquette en skaï blanc doit recevoir les patients du psychanalyste avec lequel elle partage son local. Deux chaises. C'est tout. C'est sec, comme la broche en forme de clé qui orne l'austère veste gris souris de ma superviseure.

J'ouvre mon cahier, dans lequel j'ai préparé ma séance pour aller droit à l'essentiel, présente le cas à ma superviseure, qui explose avant même d'avoir posé la moindre question de clarification :

- Mais comment as-tu pu accepter ce dossier ? Il fallait refuser de le prendre !

- M'enfin, pendant toute ma vie de consultante, mes chefs m'ont toujours dressée à ne jamais contrarier le Roi Client.

- Tu n'es plus consultante, tu es coach !

J'étais bien avancée. J'ai pensé très fort : « *Maintenant que je l'ai ce dossier, j'en fais quoi, bouffonne ?* ». Je me suis fait morigéner comme une petite fille pendant une demi-heure de plus et me suis enfuie sans demander mon reste, avec ce maudit dossier toujours sur les bras.

J'ai appelé Thomas pour lui demander l'adresse exacte à laquelle lui renvoyer le dossier de manière strictement confidentielle. Visiblement surpris, il me répond puis me demande si je l'ai lu. « *Ce dossier appartient à Maï Lan. Je le lirai si elle choisit de me l'apporter. Ce n'est pas à moi d'en décider à sa place* », me suis-je entendue lui répondre, effrayée par ma propre insolence. Maï Lan ne m'a jamais appelée. Aux dernières nouvelles, elle est « tombée dans les paillettes », ce qui, en langage showbiz, ne présage pas grand-chose de bon. Quelques mois plus tard, Thomas m'a confié qu'après la surprise initiale, ma petite phrase avait fait son chemin et qu'il ne prenait plus sur lui de partager des infos confidentielles concernant ses salariés.

Un très cher copain, DRH aguerri, m'a envoyé un petit mot espiègle le jour où il a lu cette histoire pour la première fois : « *Ton client t'a donné des documents confidentiels qui ne lui appartenaient pas ? J'espère bien que tu les as lus !* » Connaissant l'animal, je savais bien ce que son commentaire avait d'ironique. Mais je traîne mes guêtres dans les entreprises depuis assez longtemps pour savoir à quoi m'en tenir sur les relations souvent ambiguës entre services RH et confidentialité.

Par charité, j'ai choisi ici de vous dépeindre Thomas comme un débutant un peu naïf et prêt à apprendre. Si je n'avais pas posé les limites indiquées par ma superviseure, il aurait fait un apprentissage tout à fait différent et aurait très bien pu conclure de cette expérience que remettre des documents confidentiels à une coach, c'est une bonne pratique. Sans rire, des comme ça, j'en ai croisé un paquet. Beaucoup pensent de bonne foi que les informations personnelles des salariés de leur entreprise appartiennent à l'entreprise. D'autres, qui ont suivi des formations au RGPD et/ou au coaching, savent pertinemment qu'une limite éthique* est transgressée, mais utilisent ces informations pour conserver du pouvoir dans la relation entreprise – bénéficiaire – coach.

Quand je vous dis qu'on n'est pas chez les bisounours et qu'il faut être capable de naviguer dans les relations de pouvoir, vous voyez mieux de quoi je parle ? En tout cas, une partie non négligeable de mes relations avec les entreprises qui me font travailler sont consacrées à aligner les positions éthiques* respectives. Ce temps n'est pas rémunéré. C'est bien dommage, car je considère qu'il apporte énormément de valeur aux entreprises clientes, mais c'est un investissement indispensable à mon avis pour établir des relations de partenariat saines.

Qui vous a dit que j'avais mordu mon DRH ? Vous avez accès à mon dossier ?!
Tesson

ERREURS RELATIONNELLES

30

Je me suis battue pour faire respecter mon cadre

Ou comment j'ai touché du doigt les enjeux relationnels qui se cachent derrière le cadre de mes interventions.

Patrocle, un de mes chers clients, m'avait recommandée à son ami Achille, héritier d'une grande fortune de l'alimentaire français et président de la filiale moyen-orientale de l'entreprise familiale. Lui étant basé à Dubaï et moi à cheval entre Paris et Avranches, nous avions convenu de nous rencontrer par Zoom.

Dès la première rencontre, Achille s'est connecté en retard, m'expliquant à quel point sa vie de président était occupée. Je n'ai rien dit sur le moment, on me l'avait déjà faite. Je voyais déjà que dans sa vision du monde* et des relations, le respect des engagements, c'était en option et que j'allais devoir cadrer serré. Achille me décrit son problème, une forme de procrastination sophistiquée dans laquelle il diffère des choix de vie importants derrière des activités pleines de lustre, de glamour et d'obligations familiales qui lui pèsent visiblement beaucoup. En gros son sujet, c'est : « *Comment m'abstraire de mes contraintes matérielles pour reprendre le contrôle* de ma vie ?* ». Un dilemme qui revient souvent dans mes coachings, quel que soit le train de vie de la personne qui me consulte.

À la fin de la séance, je lui décris mon cadre de travail, détaillant les règles d'assiduité, de report et d'annulation, de règlement des séances. Nous nous mettons d'accord sur les prix et les détails de facturation. Ayant quelques heures de vol en la matière, je mène cette partie de l'entretien de manière directive, n'ayant aucune envie de négocier des bouts de chandelle avec quelqu'un qui dépense en une journée ce que je gagne en un an. Dans la foulée, je lui envoie un contrat de coaching dans lequel ces accords et règles sont rappelés. Achille me retourne le tout signé le lendemain, nous voilà bordés.

Achille a annulé la première séance après l'expiration du délai de prévenance. Quand je lui ai envoyé la facture, il m'a demandé de l'annuler. J'ai passé une heure à lui rappeler par écrit des règles qu'il avait déjà manifestement décidé de ne pas respecter. Voyant que je ne céderais pas, il a miraculeusement fini par trouver le temps pour sa séance. Puis il s'est fait prier pour régler la deuxième. Après trois relances, il a fini par payer, de mauvaise grâce. À ce stade, j'avais déjà passé plus de temps à rappeler le cadre et à courir après le règlement de mes factures qu'à coacher Achille.

Petit extrait d'une discussion avec une de mes tutrices anglaises, à qui j'ai soumis ce sujet à l'occasion d'un atelier « *Établir et faire respecter son cadre de coaching* » :

> - J'ai coché toutes les cases pour cadrer ce coaching, mais ça ne marche pas. Que manque-t-il à mon cadre pour être plus efficace ?
>
> - La fermeté. Tu auras toujours des clients qui essaieront de prendre le pouvoir dans la relation. Quel que soit le niveau de sophistication de tes règles, il y aura toujours des gens pour les contredire ou les contourner. Le cadre, c'est ce dont tu as besoin pour pouvoir bien faire ton travail : à toi de définir les quelques règles non négociables sur lesquelles tu ne dois jamais céder.
>
> - Oui mais, j'ai peur de perdre des clients comme ça.
>
> - Tu as de bonnes raisons d'avoir peur de ça et tu dois t'y préparer. 95 % se plieront aux règles s'ils sentent que tu es droite dans tes bottes. Les 5 % qui ne plieront pas n'ont rien à faire dans ta clientèle. C'est toi qui dois avoir le pouvoir sur ton cadre, pas tes clients. S'ils ne respectent pas le cadre, c'est toi qu'ils ne respectent pas.

La fermeté, donc. À la troisième séance, Achille s'est mis à négocier mes tarifs sur lesquels nous nous étions mis d'accord, au motif que les autres fournisseurs français de sa boîte ne facturaient pas la TVA. Certes, mais il a choisi de payer ce coaching sur ses deniers personnels français, et le régime de TVA n'est pas le même. Et ce multimillionnaire de négocier comme un marchand de tapis pour quelques centaines d'euros… Pince-moi, je rêve. Exaspérée, j'ai fini par lui dire (sans prendre trop de gants, j'avoue) qu'à force de se concentrer sur des détails aussi mesquins, il devait lui rester peu de temps et d'énergie pour les choix de vie à propos desquels il me consultait. Une technique de procrastination très banale, en somme. Il a modérément apprécié.

Désespérée d'être à ce point incapable de faire respecter ce foutu cadre que toutes les formations théoriques présentent comme le b-a-ba du coaching, j'en parle à ma superviseure :

- Fermeté, fermeté ! Je m'épuise à me faire respecter et ça ne marche pas !

- Certes ! Mais chouchou... Pardon, hein, ça va être désagréable ce que je vais te dire... Tu fais pas le poids ! Il te ghoste quand il veut, ton Achille ! Tu sais aussi bien que lui que tu n'iras jamais le poursuivre à Dubaï pour le prix d'une séance !

- Faut savoir. Je dois garder une position haute sur le cadre, oui ou non ?

- Oui, mais pas comme ça. Faut être plus stratégique. Le problème d'Achille, c'est pas l'argent : il a bien compris qu'il a le pouvoir sur toi, que ça te fait super chier et il s'en amuse.

- Sympa...

- Quelle flèche pleine d'humour peux-tu lui décocher pour lui gâcher son plaisir ?

- Hmmm... S'il recommence à négocier ou à refuser de payer ses factures, je pourrais sortir un truc du genre : « *Oh là là !!! Je n'avais pas mesuré à quel point vous êtes dans la dèche, mon pauvre Achille. Voulez-vous que je lance une cagnotte en ligne sur l'air de « Cent balles pour Achille » pour financer votre coaching ? Je suis sûre qu'alertés par Patrocle, tous vos amis plus à l'aise que vous financièrement se cotiseront pour vous aider à sortir de ce mauvais pas !* »

- C'est déjà mieux.

Je suis repartie de ma séance toute requinquée et fermement déterminée à faire changer l'inconfort de camp. Avant même que j'ai pu décocher ma flèche, Achille a payé sa troisième facture... et mis fin à son coaching. J'étais soulagée d'être débarrassée de ce rustre, et frustrée de ne pas avoir su me positionner stratégiquement dans cette relation.

J'ai noté que ces relations de pouvoir autour de l'argent sont particulièrement présentes dans les coachings que des personnes payent avec leurs deniers personnels. Elles sont souvent révélatrices du niveau réel des ambitions de la personne qui s'engage dans un coaching (ou dans une thérapie, du reste). Quelques années avant l'incident que je viens de vous raconter, une cadre de santé fauchée à qui j'avais consenti un prix tout doux s'était cabrée quand je lui avais demandé, en échange de ce geste commercial, de payer chaque séance d'avance pour limiter ma charge de travail administrative. À l'époque, une consœur m'avait dit, et je pense qu'elle avait raison, que ma cliente avait pris cette règle comme prétexte pour ne pas se lancer dans ce coaching.

En entreprise, c'est plus diffus, car non seulement il ne s'agit pas de l'argent personnel des personnes accompagnées, mais en plus, les relations d'argent passent le plus souvent par une tierce personne[20]... Ce qui multiplie les relations de pouvoir dans lesquelles je dois naviguer. Et encore, s'il ne s'agissait que d'argent... vous avez déjà lu dans les chroniques précédentes que la tenue ou non d'une réunion tripartite, la diffusion d'informations et des tas d'autres choses peuvent être utilisées par les personnes qui souhaitent exercer un pouvoir sur la relation de coaching. Et en entreprise, elles peuvent être nombreuses.

---

[20] Voir chronique n° 18 : *J'ai désobéi à ma donneuse d'ordres.*

31

J'ai travaillé pour une consœur qui n'était pas prête à lâcher prise

Ou comment j'ai fait l'expérience de la subtile nuance entre empathie et suradaptation*.

Je m'entendais très bien avec Mireille. Cette consœur, rencontrée grâce à nos réseaux communs était excellente coach, sympa et très drôle. Outre l'approche systémique et stratégique que nous utilisions toutes les deux, nous partagions une franche complicité. Venant d'accoucher de son troisième enfant, Mireille me prie de la remplacer ponctuellement pour un séminaire d'équipe chez l'un de ses fidèles clients, Slava. Ce dernier est secrétaire général d'une ONG qui œuvre à l'insertion de jeunes en situation de handicap. Mireille me raconte la structure, son historique avec elle, me brosse un alléchant portrait de l'équipe dirigeante à laquelle appartient Slava… Ça sent bon tout ça. Nous nous mettons d'accord sur les conditions contractuelles pour qu'elle conserve la maîtrise de la relation avec son client, la moindre des choses entre indépendantes qui se respectent mutuellement. Forte de ma longue expérience du Far-West juridique dans lequel se complaît notre profession[20], je lui propose un contrat de collaboration écrit. Simple, minimaliste, mais écrit. « *Meuh non, on s'fait confiance !* ».

De fait, j'ai confiance en elle. Au pire, si le projet se passe mal, c'est un petit projet et j'ai déjà fait mon chiffre de l'année, donc rien à craindre de mon côté. Si j'étais elle, je borderais un peu les choses pour être sûre de ne pas me faire piquer mon client, m'enfin si elle veut pas, elle veut pas. Et Mireille de me mettre en contact avec Slava, pressé de s'atteler à la préparation de son séminaire.

Après avoir discuté du projet en détail avec Slava, je rédige une proposition que je fais valider par Mireille avant de l'envoyer pour signature. Découvrant que j'ai presque triplé le budget qu'elle facture

---

[20] Voir chroniques nos 14 et 15.

chaque année à ce client sans que Slava ne proteste, elle se crispe. Pensant calmer le jeu, je lui propose d'augmenter le pourcentage de sa commission d'apport d'affaires, que je juge ridiculement bas. Elle refuse, me disant qu'elle ne s'attendait pas à de tels écarts dans nos pratiques professionnelles. Nous convenons que ce serait bien de faire une mission ensemble le plus rapidement possible, pour apprendre à travailler l'une avec l'autre. En attendant, on va faire avec les moyens du bord et je vais faire de mon mieux pour la rassurer.

La mission démarre. Mireille, qui n'y participe pas, exige d'être mise en copie de chaque échange de mails relatif à la mission. Personne ne m'a jamais demandé ça de toute ma carrière, même quand j'étais salariée. J'obtempère en serrant les dents, irritée d'avoir dû attendre d'être ma propre patronne pour me faire micro-manager. Au lieu d'avoir une discussion franche avec elle sur les conditions de succès et d'échec de cette mission, je persiste à prendre sur moi et à la rassurer.

Là-dessus, Antoine, l'assistant technique que j'ai recruté pour la mission, se met à prendre contact directement avec Slava, sans demander d'autorisation à personne. Me voilà prise entre d'un côté, Mireille qui s'affole et de l'autre, Antoine qui ne comprend pas que je ne partage pas sa vision de l'efficacité. Passer des heures à expliquer la situation à chacun ne calme guère le jeu, tout le monde est sur les dents.

Heureusement, la mission se termine rapidement. J'ai prévu un moment de passage de relais avec Slava, Mireille et moi pour que ma consœur puisse reprendre la suite sans tarder. Je lui fais part des besoins que j'ai identifiés au sein de la structure. Là encore, elle se crispe car ce que j'entrevois est visiblement plus ambitieux que ce qu'elle fait d'habitude. Et là... patatras ! Slava envoie l'invitation à Antoine et à moi, oubliant Mireille, qui part en vrille. Ma consœur a fait reporter ce rendez-vous de passage de relais à une date à laquelle elle était sûre que je n'étais pas disponible, et y est allée seule. J'ai été virée de la mission comme une voleuse, sans pouvoir terminer mon travail ni même dire au revoir aux personnes que j'avais accompagnées.

À plusieurs reprises pendant que la relation se dégradait durant le projet, Mireille m'a répété qu'elle refusait de se suradapter* à une situation qui ne lui convenait pas. Minute : son client s'était adapté à son absence, je m'étais adaptée encore et encore à ses exigences, mon assistant s'était adapté bon gré mal gré à l'organisation du travail invraisemblable qu'elle nous avait imposée... Quelle magnifique inversion des rôles ! Qu'elle se soit sentie dépossédée, impuissante, menacée de perdre son client, c'est possible et même probable. J'ai suffisamment vécu de conflits autour de ces enjeux pour savoir qu'elle avait de bonnes raisons de s'inquiéter. Je sais aussi à quel point c'est angoissant de laisser tomber momentanément ses clients pour des motifs perso quand on est indépendante[22]. Cette situation était à l'évidence très difficile à vivre pour elle et j'aurais dû m'en rendre compte plus tôt.

Ma cliente*, c'était Mireille. Pas le client de Mireille. Plutôt que de me précipiter à répondre à la demande de Slava à l'aune de mes critères de professionnalisme, j'aurais dû passer du temps avec ma consœur. Pour comprendre ce dont elle avait besoin, ce à quoi ressemblerait un bon résultat, ce qui lui faisait peur... Et si je pouvais m'accommoder de tout ça. N'ayant rien fait de tel, je me suis retrouvée face à une alternative toute pourrie : me suradapter à ses peurs (au mépris de mes besoins) ou interrompre la mission (le comble de l'inélégance). Je me suis suradaptée et j'ai planté la relation avec Mireille. L'empathie est comme tous les outils : mal employée, elle peut faire des ravages.

Vous m'objecterez peut-être que les torts sont sans doute plus partagés que je ne les décris ici. Ce n'est pas mon propos. Avec le recul, je n'ai commencé à apprendre de cette désagréable histoire que le jour où je me suis intéressée un peu moins aux erreurs de ma consœur et un peu plus aux miennes. Je ne peux changer que ce qui dépend de moi.

---

[22] Voir chroniques nos 14 et 36.

J'ai besoin d'un coach... Je me suis tellement suradaptée dans mon dernier coaching que je ne sais plus qui je suis...
Tesson

ERREURS ÉMOTIONNELLES

32

J'ai essayé de coacher une personne pour laquelle je ne ressentais pas d'empathie

Ou comment j'ai fait un boulot de merde en refusant d'écouter mon ressenti.

Garance avait insisté pendant des mois pour qu'on travaille ensemble. J'avais coaché une de ses collègues du Palais Bourbon qui, la voyant s'enfoncer dans une dépression qui lancinait depuis déjà plusieurs années, lui avait donné mon nom. Quand je l'ai rencontrée un soir d'hiver dans un élégant café du VIIème arrondissement, j'étais en plein déménagement et lui avais demandé de patienter jusqu'au printemps, à moins qu'elle préfère s'adresser à un ou une de mes collègues. « *Non non, c'est avec vous que je veux travailler. Sylvie m'a dit tant de bien de vous ! J'attendrai.* ». Les airs de chien battu et le ton geignard de Garance ne me faisaient pas vibrer... Mais après tout, moi aussi j'ai passé des années en dépression. C'est pas sexy le malheur, j'en sais quelque chose.

À la quatrième relance par SMS, je finis par lui donner rendez-vous dans mon tout nouveau bureau en cours d'aménagement. Garance arrive vingt minutes en avance alors que je n'ai pas terminé un autre rendez-vous, et insiste à l'interphone jusqu'à ce que je m'interrompe pour aller lui demander de revenir à l'heure prévue, car je n'ai pas encore de salle d'attente. Allez, me dis-je en la faisant enfin entrer : les gens qui m'ont tendu la main quand j'étais au fond du trou n'étaient pas nombreux. Si, en tant que professionnelle de la relation d'aide, je ne fais pas ma part pour aider qui en a besoin, je me suis trompée de métier.

La première séance est à l'avenant de ce qui précède. Garance se plaint d'avoir poireauté dans un quartier en travaux où le seul rade ouvert fait triste mine (c'est un fait), grimace devant les variétés de thé (pourtant raffinées) que je lui propose, trouve les fauteuils de mon bureau inconfortables (elle a raison). Bien bien bien... Et à part ça, qu'est-ce qui l'amène ? Eh bien voilà, elle veut quitter son boulot d'assistante parlementaire auprès d'un homme politique en vue. Or, celui-ci n'est pas d'accord et l'a déjà prévenue que si elle le quittait, il allait massacrer sa réputation et qu'elle ne pourrait plus jamais travailler nulle part. Je découvre que Garance et son parlementaire de patron ont été mariés, puis divorcés il y a dix ans, et que cet emploi d'assistante parlementaire est une façon de régler la question de sa pension alimentaire. Depuis le scandale Fillon, j'étais au courant que les indemnités parlementaires pouvaient servir à beaucoup de choses, mais là, vraiment, c'était inédit. Garance est donc totalement dépendante financièrement de son parlementaire d'ex-mari, qu'elle ne peut plus voir en peinture. Est-ce que je peux l'aider à trouver un nouveau boulot pour qu'elle puisse enfin s'échapper de cette cage dans laquelle il la retient prisonnière ?

Je prends toutes les pincettes de la Terre pour lui dire que ce n'est pas mon rayon, et qu'elle serait mieux prise en charge par une coach carrière, ou un consultant en bilan de compétences, ou... je ne sais pas, en fait. Je ne suis pas compétente en la matière. Ah oui, mais ça, Garance a déjà essayé : les bilans de compétence, ça vaut pas tripette (sur ce point, mon expérience rejoint la sienne). En plus, elle pense que son blocage est psychologique. Ah ben si c'est d'une psy dont Garance a besoin, je peux lui en recommander une excellente au Champ de Mars, juste à côté de chez elle. Oui, mais en fait non, elle a déjà un psy et pour tout dire, il ne casse pas trois pattes à un canard. Non, vraiment, sa demande, c'est de lever les freins à sa recherche de boulot, et ça, c'est mon rayon, elle en est sûre. Voilà voilà voilà. En refermant la porte derrière elle, je m'en veux d'avoir accepté un second rendez-vous. Mais je m'en serais voulu encore plus d'avoir refusé. Ah que je m'énerve, parfois.

La fois d'après, Garance me fait remarquer avec un petit air soumis qu'elle est arrivée juste à l'heure, cette fois-ci. Remarque que le RIB que je lui ai fourni pour me régler ses séances par virement est antique, à l'heure où son psy la fait payer au moyen d'un très pratique QR code. En attendant, je note que Garance n'a pas fait le travail que je lui ai demandé sur le thème « *À quoi devriez-vous renoncer pour recouvrer votre indépendance financière ?* » Avant de partir, elle se plaint d'avoir eu trop chaud, assise au soleil près de la fenêtre de mon bureau. Quand je lui demande pourquoi elle n'a pas ouvert la fenêtre ou baissé le store, elle me répond qu'elle n'a pas osé. Je crois (et je suis même sûre) que je n'ai pas su réprimer un gros soupir... Alors que je me sais capable de réagir comme elle en pareille situation. Mais que je m'énerve, parfois ! Le lendemain, je remarque en consultant mon compte en banque que le virement a été fait au nom de Monsieur Ex. Tiens tiens... On n'a pas fini d'explorer les inconvénients du changement*, Garance et moi.

Troisième séance, quelques semaines plus tard. Garance m'annonce tout de go qu'elle n'a pas fait ses devoirs. En fait, en repassant les chemises de son patron (pardon ?!?), elle a eu une idée géniale. Elle va monter un concept store dans la circonscription de Monsieur Ex, où elle pourra vendre les confitures de sa copine Chantal, les bijoux de son amie Elisabeth et même ouvrir un espace pour les cours de yoga de sa chère Angélique. Pour ça, elle a juste besoin d'une rupture conventionnelle et d'un coup de pouce de Monsieur Ex, pour lui mettre le pied à l'étrier, lui qui connaît tout le monde sur place. Je fais un effort surhumain pour reformuler calmement ce que je viens d'entendre :

- Si je comprends bien, Garance, vous voulez que votre ex mette la main au porte-monnaie pour se priver de vos services, alors qu'il vous a déjà dit qu'il n'en ferait rien. En outre, vous voulez qu'il vous ouvre son carnet d'adresses pour vous aider à le quitter plus facilement... C'est bien ça ?

- Vous n'y croyez pas ?

- Eh bien... Vous pouvez toujours essayer mais dites-moi si je me trompe, depuis des années, toutes vos tentatives de prise d'autonomie se sont soldées par une fin de non-recevoir, n'est-ce pas ?

- Oui...

- Il est donc probable, compte tenu de ce que vous m'avez dit de votre ex et de l'historique de votre relation, qu'il ne voie pas les choses tout à fait comme vous. Je crains, et bien sûr j'aimerais me tromper, qu'il vous limite à un choix très douloureux : son carnet d'adresses, si vous voulez vous en servir, suppose que vous restiez à son entière disposition ; la liberté, si vous y tenez, va avec la capacité à conquérir seule les moyens de votre indépendance... et le risque qu'il se venge. Êtes-vous prête à affronter cela ?

- C'est vraiment trop injuste !!!

Quand Garance quitte mon cabinet ce jour-là, j'ai envie d'envahir la Pologne. D'un côté, ce qu'elle vit me met hors de moi : ce niveau de maltraitance matérielle et financière, que j'ai vu tant de femmes subir, vient percuter mes convictions les plus viscérales. Je ne peux que la rejoindre dans son désir de conquérir son indépendance. De l'autre, je ne parviens pas à maîtriser l'aversion que je ressens pour cette femme qui refuse de voir ce qui me crève les yeux : elle n'est pas prête à renoncer à son train de vie. Et, selon une petite musique bien connue, plus j'essaie de masquer le rejet qu'elle m'inspire, plus je décèle de peur dans son regard et ses mines contrites. Je m'en veux à mort.

Garance a mis fin à son coaching par SMS quelques jours avant le rendez-vous suivant. Aux dernières nouvelles, elle est toujours assistante parlementaire de son ex, toujours aussi malheureuse et consacre toujours ses dîners de copines à se plaindre.

Rappel en passant d'un superviseur : « *Tu sais bien que la clé du succès d'une relation thérapeutique repose sur la qualité de l'alliance entre patient et thérapeute. En coaching, c'est pareil. Tu ne peux pas plaire à tout le monde, et tu ne peux pas aider tout le monde. C'est ainsi.* » À quoi je rajoute, avec le recul que permet l'écriture : je ne peux pas avoir plus envie de changement que ma cliente. L'indépendance, ça coûte très cher et ce n'est pas parce que j'ai toujours été prête à la payer au prix fort que c'est le cas de tout le monde. La preuve.

La dernière fois que j'ai fait confiance à mon ressenti, je me suis mariée. Mais là, le nouveau client je ne le sens pas du tout.
Oui, enfin… Personne ne te demande de l'épouser.
Tesson

33

Je me suis trompée d'émotion

Ou comment je suis passée à côté de ce qui faisait souffrir mon client.

Samuel me considérait comme sa partenaire de réussite. Et moi, pour tout vous dire, j'adorais bosser avec lui. Il possédait ce mélange assez rare de droiture, de sens de l'humour et d'attention à l'autre qui le distinguait de ses pairs, ainsi qu'une capacité absolument remarquable à se retenir - de parler, d'intervenir, de faire à la place de... - qui détonnait dans une culture d'entreprise où Les Chefs étaient priés d'avoir réponse à tout. Un très grand monsieur. Le groupe pharmaceutique qui l'employait prenait grand soin de lui confier de nouvelles responsabilités tous les trois ans, histoire de ne pas prendre le risque de faire cadeau d'une perle si rare à la concurrence. Tous les trois ans, donc, à chaque nouvelle prise de poste, Sam ménageait une demi-journée par quinzaine dans son agenda pour s'aérer l'esprit, prendre du recul, s'intéresser à ce qui se passait à l'extérieur. Bref, pour garder la tête hors de l'eau. Nos discussions constituaient pendant quelques mois une partie de ces rendez-vous avec lui-même, puis quand il estimait avoir la situation bien en mains, il les remplaçait par d'autres façons de cultiver son équilibre personnel. Parfois, quand il tombait sur un os, je l'aidais à en venir à bout.

J'ai été témoin de deux prises de poste de Sam, à chaque fois dans des filiales en difficulté. L'image qui me vient spontanément quand je pense à ces années, c'est celle d'un sauveteur en mer dans le rail d'Ouessant. Sam n'était jamais aussi heureux que quand il fallait braver la mer déchaînée pour aller repêcher un business en perdition. La tempête, c'était son élément.

La troisième prise de poste le change radicalement d'univers : voilà mon Sam directeur commercial Asie-Pacifique du vaisseau amiral du groupe. Il a longuement hésité mais Cindy, la grande prêtresse du mercato interne, a su le persuader. Réussir à ce poste ultra convoité, c'est la voie royale pour finir au Comex du groupe, qui comme tous les Comex, doit en permanence anticiper son plan de succession. Dès les premières semaines, je sens la belle humeur de Sam s'assombrir. Puis, pour la première fois depuis six ans, il annule nos séances du vendredi après-midi et me laisse six mois sans nouvelles. Je suis triste et inquiète, mais c'est sa vie. S'il a besoin de moi, il sait où me trouver.

Pendant l'été, depuis un chalet du Queyras à l'heure du pastis, j'envoie un WhatsApp à Sam avec une photo du jour et une pensée amicale. Dans la minute, il me rappelle alors que là où il est, il doit être trois heures du matin. Merde, d'habitude il éteint son portable la nuit et le week-end. Pendant plus d'une heure, Sam me décrit son calvaire : des enjeux énormes, un marché structurellement baissier, une présidente tyrannique, un actionnaire sur les dents qui, sous prétexte qu'il est sur un autre continent, l'appelle à n'importe quelle heure du jour et de la nuit, un Codir immature et désaligné, des équipes démotivées... un cauchemar. Dans cette liste qui, à première écoute, ressemble beaucoup aux situations qu'il m'a décrites jusqu'ici, je finis par repérer une différence qui fait la différence : Sam est complètement isolé.

Je n'ai aucun mal à le rejoindre dans sa souffrance, mais je me souviens aussi lui avoir secoué les puces, sur l'air de : « *Qu'est devenu le système de soutien et de prise de recul que tu as toujours su te ménager pour garder la tête hors de l'eau dans les pires tempêtes ?* ». À l'autre bout du fil, Sam vacille : « *T'as raison Cécile, c'est de ma faute.* » Le registre de l'autoflagellation n'est pas le sien : Sam va vraiment très mal. Dans la semaine, sa DRH m'appelle et me dit qu'elle est enchantée que Sam accepte enfin de se faire coacher, alors qu'elle le lui propose depuis qu'il a débarqué à Hong Kong. Ah bon ? Le temps de faire les papiers d'usage, Sam et moi démarrons un nouveau coaching.

Semaine après semaine, je vois la situation de Sam continuer à se dégrader et je peine de plus en plus à reconnaître le sauveteur de navires en perdition que j'ai toujours connu. Il s'accable de reproches, perd le sens des priorités, commence même à se noyer dans les détails sous la pression conjointe de sa présidente et de son actionnaire. « *Je ne prends aucun plaisir à ce que je fais* », me confie-t-il un jour. « *Ce job me tue, Cécile. Ça va être l'enfer sur Terre de tenir trois ans.* » Là, je sais quoi faire. Sam est prisonnier d'un but conscient*. Plus il s'entête, plus il se met en échec.

- Si tu étais sûr et certain que, quoi que tu fasses, tu ne prendras jamais de plaisir à ce poste, que ferais-tu de différent ?

- Je partirais, c'est évident !

- Et donc ?

- C'est trop tôt, je n'ai pas encore tout essayé pour que ça marche... Ce serait un échec terrible de baisser les bras.

Raté. Et la situation de Sam de continuer à s'aggraver, dans des proportions qui commencent à m'inquiéter pour sa santé. J'appelle ma superviseure pour essayer de trouver un moyen de mieux l'aider, car je commence, moi aussi, à me sentir en échec.

- Tu t'es trompée d'émotion, Cécile. Ce n'est pas le plaisir, son moteur. C'est la réussite. Ce mec est capable de se tuer au travail plutôt que d'échouer.

- Tu as raison, il me l'a dit. Quasiment dans ces termes.

- Tu vois ! Reformule ta question.

- Si tu étais sûr et certain, sans l'ombre d'un doute, que quoi que tu fasses, tu ne réussiras jamais à redresser ce business, que ferais-tu de différent ?

- Voilà.

Ce jour-là, Sam a lâché son but conscient*. Je me souviens encore des montagnes russes émotionnelles que nous avons traversées pendant cette séance, puis du sourire radieux avec lequel il a quitté ma salle Zoom. Il a encore mis plusieurs mois à sortir des ronces mais au moins, ce jour-là, le piège dont il était prisonnier s'était transformé en tunnel. Quelques semaines plus tard, il a reçu l'assurance que des gens bien intentionnés l'attendaient à la sortie. Il ne lui en a pas fallu plus pour reprendre courage et endurer ce qu'il s'était engagé à endurer.

Quand je pense que j'ai failli laisser mon client le plus fidèle se noyer, je ne suis pas fière de moi. Et puis je me dis, puisqu'il faut toujours donner la parole à l'avocat, que si mon client a besoin de soutien pour garder le cap dans les moments difficiles, moi aussi... Toutes proportions gardées. La supervision me sert à ça et j'en aurai besoin toute ma vie. Sans déconner, les coachs qui me disent ne pas avoir besoin de supervision... doivent être autrement plus balaises que moi.

34

J'ai été attirée par un client

Ou comment j'ai réussi à m'empoisonner toute seule avec un cocktail d'émotions toxiques

Olivier m'avait repérée via mon site internet, et avait fait des pieds et des mains pour que je sois incluse dans un appel d'offres qu'il était en train de boucler. Dès le premier contact, dans la salle de réunion où lui et quelques collègues du siège reçoivent les cabinets de consultants qu'ils présélectionnent, il me dévore déjà des yeux. Lors du dernier oral, auquel participent sa collaboratrice et une acheteuse, Olivier balaie avec désinvolture toutes leurs objections, pourtant fort sensées. C'est moi qu'il veut, point barre. Résignées, les deux femmes ferment leur gueule. Assis à côté de moi pendant cette réunion, Malik, le confrère avec qui je fais équipe, fait tapisserie. Nous sommes sélectionnés contre deux cabinets beaucoup plus gros et plus spécialisés que nous sur le sujet à propos duquel Olivier a besoin d'être accompagné. Mon ego est déjà tout flatté.

Le projet se déroule en deux phases : une première de construction d'une stratégie de projet complexe, une seconde de mise en œuvre de ladite stratégie. Olivier et moi ferons équipe pour la phase une ; Estelle, la collaboratrice d'Olivier, et mon confrère Malik, qui terminent une autre mission, nous rejoindront pour la phase deux, trois mois après le démarrage du projet.

Pendant ces trois mois, et bien que nos rencontres soient assez espacées, Olivier se comporte avec moi tantôt comme un gamin émerveillé de ce que nos discussions lui apportent, tantôt comme un chevalier servant retenu, mais assidu. Ses assauts d'attentions, de compliments et ses regards brûlants me troublent plus que je ne veux bien l'admettre. Plutôt que de modifier la structure du projet, ce que j'ai toute latitude de faire, je me dis qu'en conservant une attitude strictement professionnelle, tout ça va bien finir par se tasser. Enfin, pour être honnête, j'ai de plus en plus de mal à garder la tête froide et vois arriver les vacances d'été avec un certain soulagement. Je fais alors la bêtise de n'en parler à personne alors que je sens bien, à l'approche de la rentrée, que ce projet va être très, très compliqué à gérer émotionnellement. Bah, me dis-je pour me calmer, l'équipe va s'étoffer. On va être quatre, ça va tout changer. T'as qu'à croire.

Fin août, Olivier et moi avons prévu un séminaire de l'équipe projet pour mettre cette dernière au parfum de nos travaux du printemps et préparer les actions de terrain. Pour un budget dérisoire que même son acheteuse n'a pu refuser, nous avons trouvé un gîte perdu au fond de la vallée d'Aspe, au bord d'un petit lac surplombé par le pic du Midi d'Ossau. Autrement plus inspirant que des salles de réunion en sous-sol à Toulouse.

Le premier jour de ce séminaire, fort incommodée par le feu qui me fait bouillir les tripes et que mes efforts de volonté ne font qu'attiser, je commets plusieurs erreurs d'animation : je parle trop et trop fort, ce qui bien entendu accroît ma nervosité. Malgré un cadre et un temps de rêve, la soirée se déroule dans une ambiance que je trouve tendue. Un groupe de cavaliers vient à point nommé faire diversion, sans parvenir à faire décoller la conversation. Au moment du couchage, l'équation est simple : le gîte comporte deux chambres, une pour les femmes, une pour les hommes. Estelle et moi échangeons un peu avant de dormir et là, d'une petite voix toute douce, elle glisse une remarque qui me fait rougir jusqu'à la racine des cheveux et baisser les yeux. Je ne me souviens absolument pas du contenu de cette remarque. En revanche, je me souviens parfaitement avoir immédiatement compris que je m'étais grillée. Estelle était contre mon intervention depuis le départ, et je venais de lui offrir sur un plateau d'argent la peau de banane qu'elle n'allait pas tarder à glisser sous mes pieds.

Le séminaire se termine comme si de rien n'était. Je me souviens être rentrée à Paris comme en fourgon de dégrisement. Une semaine plus tard, au retour d'un premier déplacement de terrain seul avec Estelle, Olivier change brusquement de ton. Il annule une réunion que nous avions planifiée, cesse de répondre à mes coups de fil puis, le jour où je finis par le joindre, m'annonce brutalement qu'il n'a plus confiance en moi.

Une réunion de crise est organisée avec Olivier, Estelle et Malik, lequel ne comprend pas encore ce qui se passe. Mon client m'accuse de l'avoir manipulé et répète qu'il n'a plus confiance en moi. Je ne peux rien faire d'autre que de constater que les conditions d'une bonne collaboration ne sont plus réunies et de me retirer au profit de mon partenaire. Olivier proteste, jugeant mon retrait inacceptable, théâtral et pas professionnel. Lui, il veut que je continue sur le projet, mais depuis Paris, en lui envoyant des notes d'analyse des documents du projet. Impensable. Estelle et Malik, qui ont tous deux intérêt à me voir dégager – elle, parce qu'elle va récupérer les prérogatives dont notre intervention la prive ; lui, parce qu'il va faire main basse sur ma part des honoraires - n'ont plus qu'à tirer les marrons du feu en faisant valoir à Olivier que s'il n'a plus confiance, mieux vaut ne pas insister.

Cette lamentable histoire s'est terminée dans les locaux de mon partenaire, quelques semaines plus tard. Olivier, qui s'est mis à cracher sur mon travail pour protéger sa réputation et pouvoir nier tout dérapage relationnel, fait contester ma facture par son acheteuse. Estelle se fait toute petite, attendant que toute cette histoire se décante à son profit. Malik, considérant qu'il me rend service, trouve invraisemblable que je lui réclame une commission d'apport d'affaires, laquelle n'est de toute façon pas prévue dans notre accord initial. Non seulement j'ai perdu une grosse partie de mon chiffre d'affaires de cette année-là, j'ai évidemment perdu un client et un partenaire... Mais, comble d'humiliation, il m'a fallu supplier pour me faire régler mon dû.

Plus jamais ne me suis-je engagée dans un coaching émotionnellement difficile, quelle que soit l'émotion en jeu, sans supervision.

Une juge de mes amies, auprès de qui sa filleule de dix ans s'inquiétait de finir en prison pour avoir eu secrètement envie d'étrangler son petit frère, lui a fait cette réponse : « *Ma petite chérie, personne ne pourra jamais te condamner pour tes pensées. Tu as parfaitement le droit de rêver d'étrangler ton petit frère, et même bien pire, si tu veux. Tant que tu ne mets jamais tes mauvaises pensées à exécution, tu restes une belle personne. Et des mauvaises pensées, on en a tous, tu sais ?* ».

Me serais-je comportée différemment dans cette histoire si j'avais entendu ce recadrage plus tôt ? Je ne le saurai jamais. *A posteriori* en tout cas, il m'a fait beaucoup de bien. Et je souhaite à tous les enfants, petits et grands, de l'entendre.

ERREURS DE CONSCIENCE DE SOI ET DE SES LIMITES

35

J'ai challengé ma cliente au mauvais moment

Ou comment j'ai appris à ajuster mes interventions au temps dont je dispose.

J'avais rencontré Ophélie il y a très longtemps, lors d'un colloque que j'organisais pour une association d'économistes au Sénat. Stagiaire auprès du directeur de la communication du sénateur qui hébergeait cette rencontre, elle m'avait donné un fier coup de main pour relancer des centaines de journalistes la veille de l'événement. Cette jeune fille de dix-neuf ans m'avait tapé dans l'œil pour son efficacité et son sérieux. En marge de son stage, elle préparait le concours d'entrée d'une grande école de communication. Reconnaissante pour la qualité de son travail et n'ayant pas un sou pour la payer, je lui avais proposé de la coacher gratuitement pour préparer les oraux de son concours. D'ordinaire, les jeunes à qui je propose de l'aide pour leurs oraux acceptent mollement et ne donnent pas suite, sauf quand papa-maman s'en mêlent. Mais là, quelques semaines à peine après le colloque, Ophélie me rappelle et me demande si ma proposition tient toujours. Bien sûr ! Je suis ravie.

Démarre un accompagnement qui, à ce jour encore, reste l'un de mes préférés. J'étais fascinée par la maturité d'Ophélie et sa détermination à se donner les moyens de ses ambitions. C'est elle qui a fixé le programme de nos trois séances : le fond, la forme, le stress. Pour ce qui était du fond, elle voulait s'assurer qu'elle ne choisissait pas cette voie juste par réflexe de reproduction sociale, ses deux parents étant des grands noms du journalisme et de la communication. Nous y avons consacré la première séance et elle est repartie solide sur son argumentaire. Pour ce qui était de la forme, pareil. Ophélie avait bien compris que dans un concours, il fallait dire aux membres du jury ce qu'ils et elles ont envie d'entendre, et elle s'employait avec un talent réjouissant à poser des questions astucieuses pour ajuster ses interventions. Ça, c'était la cerise sur le gâteau de la clarté et de la concision de son expression orale. Voilà pour la deuxième séance.

À la troisième, une semaine avant le grand oral, Ophélie déboule chez moi visiblement perturbée. Elle est envahie de pensées sombres et cyniques, se reproche de stresser à l'approche de l'épreuve, comme à chaque fois. Sachant que j'ai affaire à une perfectionniste puissance dix, je choisis de recadrer son stress en deux parties. D'un côté le bon stress qui va la maintenir en alerte et à son niveau d'exigence maximum jusqu'à la fin de son concours. Indispensable pour gagner dans cette impitoyable compétition. À conserver absolument, même si c'est un peu coûteux en qualité de sommeil. Mon pari, c'est qu'elle n'a aucun contrôle* sur ses insomnies et qu'il vaut mieux lui prescrire son symptôme* (mal dormir) que de l'encourager à contrôler l'incontrôlable. Elle s'écroulera de fatigue après les épreuves et récupérera en quarante-huit heures. C'est beau d'être jeune. De l'autre côté, reste le mauvais stress, celui qui lui pollue la tête de pensées parasites, que je lui propose d'exorciser séance tenante. À grand-peine car elle aime les mots précis et les expressions soignées, Ophélie me livre ses horribles pensées, qui lui inspirent tout à tour honte, dégoût, culpabilité... et surtout peur d'échouer à son concours. Elle écrit chaque nouvelle pensée sur un post-it, le plie en quatre et le dépose dans une coupelle. Quand elle a fini, elle met le feu aux petits papiers pliés.

J'aurais dû m'arrêter là. Mais voyant qu'il nous reste dix minutes et qu'Ophélie est toujours un peu anxieuse, je fais l'intervention de trop. Me souvenant de mes cours de PNL et d'hypnose ericksonienne, je l'invite à fermer les yeux et à se projeter le jour des résultats du concours, où elle va découvrir sur le tableau d'affichage de l'école qu'elle fait partie des lauréats. Et là... patatras. D'énormes larmes se mettent à couler sur les joues d'Ophélie, puis se transforment en un torrent de sanglots. Les dix minutes sont plus qu'écoulées. Au lieu de la laisser repartir avec un niveau d'anxiété pas nul mais bien apaisé, je viens de remettre un bordel pas possible dans ses émotions. Impossible de conclure la séance à ce moment-là. Ma pauvre petite cliente est en vrac par ma faute, à moi de réparer. Par chance, je n'ai pas de rendez-vous à suivre et elle non plus. En silence, je laisse les sanglots se tarir petit à petit. Puis je propose à Ophélie d'aller reprendre ses esprits sur la Coulée Verte, en bas de chez moi. Nous marchons sans un mot une vingtaine de minutes, le temps d'arriver à la Bastille. Ophélie prend congé, sans me donner trop d'infos sur son état intérieur. J'ai l'impression que ça va mieux, mais je n'en suis pas sûre et je culpabilise tellement que je n'ose pas le lui demander.

Ophélie a été reçue brillamment, évidemment. Elle m'a fait l'amitié de me tenir au courant de ses projets pendant quelques années, puis elle est partie s'installer au bout du monde. Le jour du cocktail de lancement de mon deuxième livre, une dame élégante que je ne connaissais pas s'est présentée devant la table où je signais des exemplaires. « *Bonsoir Cécile, je suis la maman d'Ophélie. Elle m'a instamment priée de venir ce soir la représenter dans ce moment si important pour vous.* » Bon, vous me connaissez, maintenant. J'ai versé une petite larme.

Cette histoire m'a appris à ne jamais me lancer dans une intervention si je n'ai pas le temps de la boucler à temps. Surtout une intervention à haute intensité émotionnelle, comme celle-là. Avec Ophélie, ce qui m'a sauvée, c'est que nous avions toutes les deux du temps pour rallonger la séance. Mais c'est loin d'être toujours le cas. Quand je pense à ma clientèle actuelle, qui a déjà du mal à trouver le temps pour ses séances de coaching, pas question de découvrir à la dernière minute que j'ai besoin de trente minutes supplémentaires. De ce point de vue, me former en Angleterre m'a fait beaucoup de bien. Pour les Britanniques, l'heure, c'est l'heure. Alors qu'en France, commencer ou terminer une séance ou une réunion en retard fait partie du folklore national.

36

J'ai présumé de mes forces

Ou comment j'ai appris que la volonté ne peut pas tout.

Je sortais d'une opération chirurgicale lourde, et m'étais remise au travail beaucoup trop tôt, suivant l'avis du chirurgien pour qui tout allait bien physiologiquement, et ignorant celui de mon généraliste qui trouvait que ma convalescence n'était pas terminée. Selon lui, j'étais toujours fragile psychologiquement, ce qui est parfaitement normal après une opération de cette ampleur. Voyant que je flippais à l'idée de perdre tous mes clients, celui-ci m'avait prescrit un mi-temps thérapeutique et vigoureusement recommandé de prendre soin de moi.

Considérant que deux jours de travail d'affilée, c'est un tout petit mi-temps, je pars au fin fond de l'Allier démarrer un coaching d'équipe laissé en souffrance pendant les trois mois qu'a duré mon arrêt. Jean-Philippe, mon client, a été suffisamment patient comme ça. Si j'étais à sa place, ça fait belle lurette que j'aurais résilié le contrat et fait appel à d'autres coachs, en meilleure santé. Me voilà donc en route pour le site industriel que dirige Jean-Philippe, deux changements pour arriver à ma gare de destination, deux jours sur place, trente kilomètres de route nationale en voiture de location matin et soir entre mon hôtel et le site. Déjà quand j'avais vingt-cinq ans et toutes mes dents, je trouvais ça crevant, mais quinze ans plus tard avec une opération qui vient de me faire vieillir de vingt ans supplémentaires d'un coup, c'est de la folie. Je le sais avant même d'être arrivée, mais faire faux bond à Jean-Philippe qui a été si compréhensif alors que rien ne l'y obligeait, même pas en rêve. Un client fidèle, ça se mérite.

À mon arrivée, malgré mes efforts pour faire bonne figure, Jean-Philippe ne cache pas sa surprise de me voir aussi mal en point après une si longue interruption. Il s'étonne même que je sois venue. Enfin, maintenant que j'ai fait tout ce chemin, avançons sur les entretiens individuels qui constituent la première étape de ma mission. Il demande à Bastien, son DRH, de me donner un accès direct à l'infirmerie pendant les deux jours de ma visite. Celui-ci m'y fait installer un lit de repos, réorganise le planning de mes entretiens pour que je puisse faire une pause toutes les deux heures... Des clients adorables comme ça, impossible de les décevoir. Jamais.

Le premier jour se passe plutôt pas mal. Grâce à la généreuse pause sieste aménagée aux petits oignons par Bastien, je mène tous mes entretiens de la journée sans encombre. Je sors même prendre l'air au soleil de février pour marcher un peu entre mes deux entretiens de l'après-midi. Mes notes sont un peu vaseuses - le Tramadol, ça aide pas - mais bon, je suis contente d'avoir trouvé les ressources pour satisfaire mes clients chéris. Mais quand même, les trente bornes pour rentrer à l'hôtel à la nuit tombée, je les trouve un peu rudes. J'aurais dû commander un taxi. Bon, enfin tant pis. Tout ça, c'est une question de volonté.

Le lendemain matin, il gèle à pierre fendre et la route, à l'écart des circuits de salage prioritaire, est verglacée. Moi qui déteste conduire déjà en temps normal, je stresse à mort et arrive sur le site pas bien du tout. Par chance, la manager que je dois rencontrer à neuf heures ce matin-là est malade. Je file à l'infirmerie tenter de récupérer de ce début de journée calamiteux. Sur les coups d'onze heures et demie, pendant mon second entretien qui a, lui, été maintenu, je fais un malaise. Poussée par Bastien, j'appelle mon mari. Notre conversation, agitée, est interrompue en plein milieu : la batterie de mon téléphone est à plat. La conversation n'est pas finie, et connaissant mon Jules, qui avec tout le bon sens de la Terre a tenté de me dissuader de faire ce déplacement, il doit être mort d'angoisse. Pendant tout le reste de la journée, durant lequel je continue à mener des entretiens avec les cadres du site, je cherche frénétiquement un câble susceptible de recharger mon téléphone. En vain. J'imagine mon mari paniqué, je le suis moi-même, mes douleurs post-opératoires se réveillent... Bref, je n'écoute à peu près rien de ce que j'entends.

Mon dernier entretien de la journée se profile enfin, avec Jean-Philippe. Il me fait entrer dans son bureau et me demande de l'attendre cinq minutes. Pendant que je patiente, j'aperçois sur une étagère, impeccablement rangée, un exemplaire du fameux câble que j'ai cherché tout l'après-midi. Je me précipite sur l'armoire comme une morte de faim. Au moment où, dos à la porte, je tends la main vers le câble tant convoité pour mettre mon téléphone à charger, j'entends dans mon dos un poli mais glacial : « *Je peux savoir ce que vous faites le nez dans mes affaires ?* » En larmes, je bredouille des explications totalement incompréhensibles. Le temps de me laisser prendre un antalgique et de me calmer, Jean-Philippe me fait comprendre, avec toute la gentillesse et la patience du monde, que je suis décidément trop fatiguée pour ce projet et qu'il vaut mieux le reporter pour de bon. Je repars du site la tête basse, mais avec un téléphone chargé.

En route, je me suis assoupie au volant. Quand j'ai fini par joindre mon mari, j'étais dans un fossé, heureusement sans autre dommage qu'un phare éclaté et un peu de tôle froissée, en train d'attendre la dépanneuse. En rentrant à Paris ce soir-là, j'ai redouté l'algarade sur l'air de « *Je te l'avais bien dit* ». Jules s'est contenté d'un sobre : « *V'la la consultante la mieux notée du cimetière.* » Le lendemain, constatant mon état de choc, mon généraliste m'a arrêtée. De prolongation en prolongation, j'ai pris dix-huit mois fermes dont les deux tiers pour ne pas avoir respecté mon mi-temps thérapeutique.

Cette histoire est loin d'être exceptionnelle. La peur de perdre des clients, c'est ce qui pousse beaucoup de monde, dans l'entrepreneuriat, à bosser largement au-delà de ses capacités. J'en lis plusieurs par jour sur LinkedIn, sur des tons qui vont de « *L'entrepreneuriat tu sais c'est pas si facile* » à « *Admirez mon engagemen*t ». Au-delà du manque à gagner à court terme, souvent mal couvert par une protection sociale minimaliste, le risque que notre clientèle aille voir ailleurs et ne revienne jamais est très élevé. J'ai appris ma leçon, mais je sais qu'entre m'arrêter et perdre des clients ou bosser malade et mettre ma santé voire ma vie en danger, le choix est toujours cornélien. Les gens qui crachent sur le salariat sont curieusement discrets sur cet aspect-là du statut d'indépendante.

37

Le diable aurait mieux fait de s'habiller en Prada

Ou comment j'ai appris à prendre les justes distances avec les codes vestimentaires des entreprises dans lesquelles j'interviens.

C'était ma première mission dans le monde de la mode, il y a plus de vingt ans de ça. J'y suis allée comme chez mes clients de la grande distribution : avec mes kilos de trop et ma garde-robe de prêt-à-porter de base. Après tout, je n'étais pas embauchée comme mannequin, mais pour mes compétences de consultante, dont j'estimais ne plus avoir à faire la preuve.

À la sortie de la réunion de démarrage, la directrice marketing me prend à part et me dit, d'un air apitoyé : « *Tu vas faire l'essentiel de ta mission en magasin, Cécile. Le mieux, ce serait pantalon noir, col roulé noir. Et tu verras, ça te mincira !* ». Un peu estomaquée par ce conseil que je m'efforce d'interpréter comme bienveillant, je m'exécute. N'ayant qu'un ensemble noir dans ma penderie, je cours en acheter deux autres, histoire de tenir les trois mois que va durer la mission. Ah et puis au passage, je me rachète des chaussures. La paire que je trouve est si classique et confortable que j'en prends deux : une noire et une bleue marine. Me voilà rhabillée pour plusieurs hivers. Ça tombe bien, j'ai vraiment beaucoup mieux à faire que du shopping.

À la fin de ma mission, je devais prendre rendez-vous avec la présidente, qui de l'avis général était un chameau. *Le diable s'habille en Prada*[23] n'était pas encore sorti, mais vous voyez le genre. Je m'étais donc préparée à fond pour cet entretien en tête-à-tête. Et puis, après plusieurs mois de fréquentation du comité de direction habillé par la maison de pied en cap, j'avais fini par saisir la différence entre un col roulé de soldeur qui gratte et un cachemire. Je m'étais même trouvé

---

[23] Une comédie de David Frankel sortie en 2006, avec Meryl Streep, Anne Hathaway et Emily Blunt.

des pantalons bien coupés et j'avais bien vu la différence dans le regard appréciatif de ma chère directrice marketing.

Bref, le jour de mon rendez-vous avec la présidente, j'étais prête : sur le fond, et sur la forme. Au moment où je descends le grand escalier qui mène à la cantine, je vois deux filles qui pouffent en me voyant arriver. Puis deux autres. Puis tout une tablée. Je baisse les yeux et le sol se dérobe sous mes pieds.

J'avais mis une chaussure noire et une bleue. Comme dans un film de Pierre Richard[24]. Sauf que je n'étais ni grande, ni blonde.

Écarlate de honte, j'ai eu quelques secondes pour décider : je rentre me changer et j'arrive en retard à mon rendez-vous, ou je vais à mon rendez-vous à l'heure prévue, sapée comme un clown.

La présidente a écouté très attentivement ce que j'avais à lui dire, et nous avons échangé pendant plus d'une heure sur les suites à donner à ma mission. Si elle a vu mes chaussures dépareillées, elle a eu la politesse exquise de n'en rien laisser paraître.

Vingt ans plus tard, je travaille toujours dans la mode. Quand j'ai raconté cette histoire à une Milanaise tirée à quatre épingles il y a quelques semaines, elle n'a pas voulu croire que j'avais osé commettre sciemment cette impardonnable faute de goût. La ligne de crête entre mimétisme vestimentaire et lâcher-prise est toujours délicate dans ce milieu. Mais soyons réaliste, je ne suis jamais rentrée dans une taille trente-quatre alors à la ménopause, je vous dis pas. Et surtout, la plupart de mes clientes ont des budgets d'habillement (et des réductions réservées au personnel) que je n'ai pas. Rien ne sert de les singer. Je pense même que c'est contre-productif, car elles chercheront le détail qui me disqualifiera. Je m'habille simple, classique et confortable, j'ose davantage la couleur que ce milieu qui ne jure que par le noir, et transige sur une seule chose : la coiffure. J'ai remarqué, même si cela ne me fait pas plaisir, que le brushing façon dame, ça me pose mieux que ma tignasse de méditerranéenne du sud. Va pour le brushing si ma crédibilité est à ce prix.

---

[24] *Le grand blond avec une chaussure noire*, une comédie d'Yves Robert sortie en 1972, avec Pierre Richard.

Si c'est un entretien pour coacher le gourou d'une secte, c'est bien... Sinon...
Tesson

ERREURS DE COMMUNICATION

38

J'ai mal anticipé les réactions à mes publications sur les réseaux sociaux

Ou comment j'ai appris que sur les réseaux sociaux, ce n'est pas moi qui choisis mon audience ni ses réactions.

Ce souvenir remonte à ma formation de coach en Angleterre. J'étais tellement enthousiaste de ce que j'apprenais là-bas que j'ai posté un article sur LinkedIn, reprenant un échange qui avait eu lieu avec une de mes tutrices. Je lui avais bien sûr demandé l'autorisation et assuré son anonymat. Sauf que voilà, cet échange avait eu lieu devant vingt-cinq personnes trois mois plus tôt. Le jour de la publication, une des membres du groupe en a pris ombrage, violemment et publiquement. Au démarrage de la journée de formation, alors que nous nous étions croisées, tout sourire, au petit-déjeuner, elle s'est émue devant tout notre groupe de ce qu'elle considérait comme une violation de confidentialité et une trahison. Rien que ça.

Sur le coup, toujours prompte à ne donner la parole qu'au procureur, j'ai réagi comme si je méritais ce qui m'arrivait. J'ai fondu en larmes. Résultat des courses, la discussion de groupe s'est transformée en procès à charge. J'avais enfreint la confidentialité de rigueur dans ce type de formation, c'était vraiment très mal. Quelques membres du groupe y vont de leur commentaire, sur le ton de la réprobation polie et je suis priée de retirer mon post pour calmer le jeu. Sur ce, le temps imparti pour cette séquence étant écoulé, la séance est levée sans qu'à aucun moment, j'aie pu plaider ma cause.

Tout le reste de la journée, des membres du groupe multiplient les gestes de soutien : l'une m'inclut d'autorité dans son sous-groupe sans un mot de commentaire sur ce qui vient de se passer ; l'autre me paye à boire (c'est fou ce que l'alcool soigne tout chez les Anglais) ; un troisième me dit que je n'ai rien à me reprocher et que c'est l'autre folle qui a un problème ; d'autres encore m'emmènent marcher dans le parc ; à l'heure du coucher, j'ai cessé depuis longtemps de compter les tournées qu'on m'a payées. Sans ces multiples marques d'amitié et de réconfort, je me connais, je me serais exclue du groupe. J'étais vraiment choquée, pour une bonne et simple raison : je ne comprenais pas ce que j'avais fait de mal. Du reste, plusieurs des personnes avec qui j'ai parlé ce jour-là s'étonnent que le responsable du groupe ne m'ait à aucun moment donné la parole. Si j'en crois ce que j'entends alors, tout ce cirque ressemble quand même à une exécution publique sans procès équitable.

Le lendemain matin, alors que le responsable de la formation démarre la session comme si de rien n'était, je m'étonne qu'au pays de l'Habeas Corpus, un jugement public puisse être prononcé sans avoir, au préalable, entendu les deux parties. Silence gêné. Après m'avoir demandé ce que je voulais – un procès équitable sur la base de règles claires et explicites, ni plus ni moins - le responsable demande au groupe ce qui serait une discipline de publication acceptable. Coup de bol, les règles que le groupe édicte collectivement correspondent trait pour trait à la discipline que je m'étais imposée sans trop y réfléchir. Ragaillardie, je reprends ces règles pour conclure que mon post n'a strictement rien enfreint, et que je vais donc le republier. J'en profite pour ajouter que pour ma part, je suis en formation pour apprendre grâce au partage de connaissances et d'expériences, et que tout membre du groupe a mon autorisation de principe d'utiliser comme bon lui semble tout ce que je dirai dans cette enceinte. Re-silence gêné. Mon voisin, une sorte de Hugh Grant aux délicates chemises Liberty avec qui j'ai passé la fin de la soirée de la veille à chanter l'intégrale des Pogues, me glisse « *You've been perfect !* » quand je me tais, drapée dans ma dignité retrouvée. Non mais.

Moyennant un avertissement selon lequel ce texte a été publié dans le respect des règles éthiques* de mon groupe de formation, j'ai reposté mon article qui a vaillamment fait... trois cents vues. La belle affaire.

Cet incident picrocholin ne vaudrait pas le coup d'être raconté s'il ne m'avait enseigné plusieurs choses. Sur les réseaux sociaux, ce n'est pas moi qui choisis mon public, et encore moins la manière dont ledit public va réagir à mes écrits. Je peux avoir pris toutes les précautions du monde pour garantir la propreté éthique* d'un post, si une personne décide de prendre la mouche (à tort ou à raison ce n'est pas le sujet), c'est son droit le plus strict. En salle, et avec le soutien d'une bonne partie de mon groupe, j'ai pu me défendre et reprendre pied, même si vous pourrez m'arguer que j'aurais mieux fait de me défendre à chaud. Ben oui c'est comme ça, c'est quand j'ai le plus besoin de répondant, c'est-à-dire en situation hostile, que j'en ai le moins. En ligne en revanche, si je publie un truc qui déclenche une réaction épidermique chez quelqu'un, je n'aurai jamais l'occasion de me défendre. Pire : si j'essaie, ça ne fera qu'attirer des armées de trolls. Et même si mon réseau se mobilise, je serai seule devant mon écran pour affronter la meute.

Or, les réseaux sociaux font partie des maux nécessaires de mon statut de coach indépendante. Si je n'y suis pas, ma clientèle m'oublie ; si j'y suis trop, je prends le risque d'écorner ma réputation. Récemment, une de mes consœurs qui avait lu la version initiale de cette histoire, m'a raconté s'être fait pourrir la tête par un de ses clients qui s'était reconnu à tort dans un de ses posts et craignait d'être reconnu par la Terre entière. Peu importe la légitimité objective de ces craintes, il est impossible de les réfuter. Il n'y a pas de politique éditoriale parfaite, il n'y a que des choix, dont je dois pouvoir assumer les conséquences.

39

J'ai réagi trop vite à une nouvelle

Ou comment j'ai appris que les leçons les plus élémentaires restent valables toute une vie?

Dans ce grand groupe de distribution, j'étais appréciée tant pour ma capacité à garder des secrets, grands et petits, que pour mon réseau. J'y connaissais, sinon tout le monde, beaucoup de monde. Cela me permettait de créer des connexions entre les gens, de décoder les événements et la culture... aussi bien, voire mieux que celles et ceux qui y vivaient à plein temps.

J'étais au courant que Léo, une des stars de la boîte, un garçon à peine trentenaire qui décoiffait toute la vieille garde par son ambition et son efficacité, commençait à se sentir à l'étroit dans son job et se laissait ouvertement conter fleurette par toutes les chasseuses de tête de la planète.

Un jour, en allant faire un tour sur LinkedIn, je vois passer un post de Léo annonçant avec tambours et trompettes qu'il prend la direction d'un projet très en vue au sein d'une organisation intergouvernementale.

Aussi sec, j'envoie un WhatsApp au mentor de Léo, qui remue ciel et terre depuis des mois pour le fidéliser.

> - Merde alors ! Le système* a fini par recracher cette perle trop brillante !
>
> - Pardon ? Tu sais des choses que je ne sais pas ?
>
> - Ben... je viens de lire sur LinkedIn que Léo prenait un nouveau poste...
>
> - Ah oui, ça c'est en plus de son job actuel où, comme tu sais, il s'ennuie. Avec un peu de chance, ça va me permettre de gagner le temps qu'il faut pour lui assurer le point de chute dont il rêve.

Mais putain, Cécile, c'est déjà assez dur comme ça de le tenir, évite de me faire des frayeurs.

- Désolée, son post était ambigu…

- Évidemment qu'il l'était, qu'est-ce que tu crois ! Mais la moindre des choses te concernant, c'est de vérifier tes infos avant de les colporter !

Cette histoire, sans grave conséquence à ce jour, m'a quand même fait faire un voyage de vingt ans en arrière, façon « *Retournez à la case départ, ne touchez pas FF 20.000* ». Je me suis souvenue de Françoise[25], et de son « *Celui-là, il va aller raconter ma vie à toute la maison* ». À mon tour, je me trouvais dans la situation de celle qui en sait trop pour être considérée comme une interlocutrice de confiance. Oui mais, murmure l'avocat, sans le réseau que tu as su tisser et la perspective qu'il te donne, tu serais sans doute moins appréciée dans ce groupe, tu ne crois pas ? Certes, ET il suffit d'un mot de travers pour foutre en l'air des années de travail.

---

[25] Voir chronique n° 1 : *J'ai vendu mon premier coaching grâce à l'erreur d'un concurrent.*

40

J'ai sous-estimé la portée de mes publications sur LinkedIn, *bis repetita*

Ou comment j'ai compris que contre toute attente, des managers me lisaient aussi avec intérêt.

Pour fêter les dix ans de ma petite entreprise et le début de mes études de superviseure, je venais de lancer Chères Erreurs, une lettre hebdomadaire publiée sur LinkedIn à destination des coachs. Pensant que pour une première, il fallait frapper fort, j'ai démarré bille en tête par une version elliptique de *J'ai été attirée par un client*[26]. Tous les cours d'éthique* du coaching que j'avais reçus abordaient le sujet délicat des relations de séduction dans le coaching et, plus cyniquement je l'admets, je me disais qu'un léger parfum de gaudriole ne manquerait pas d'attirer les foules[27].

D'expérience, puisque j'avais blogué et posté régulièrement pendant trois ans, les seules personnes qui me lisaient, à quelques exceptions près, étaient des coachs. Et puis, les pros de LinkedIn m'avaient affirmé avec force que les cadres de direction de grands groupes, qui constituaient une partie importante de mes contacts, n'avaient pas de temps à perdre sur les réseaux sociaux. Dont acte. Quand j'ai vu avec un peu d'effroi que LinkedIn avait envoyé une invitation à tous mes contacts, je me suis rassurée en me persuadant que les personnes que ça intéresserait s'inscriraient, et que les autres m'ignoreraient.

De la pièce voisine de mon bureau, où mon cher et tendre télétravaillait ce jour-là, me parvient :

- Chérie, j'ai reçu une invitation LinkedIn. T'es pas vexée si j'ignore ?

- Pas du tout mon chéri ! Ignore !

---

[26] Voir chronique n° 36 : *J'ai été attirée par un client.*

[27] Ce en quoi j'avais tort : d'après les stats de lecture de *Chères Erreurs*, cette chronique fait partie de celles qui ont eu le moins de succès.

J'étais au clair depuis longtemps avec mon Jules à propos de cette cuisante erreur, qui comme beaucoup d'histoires de tentation, avait secoué notre couple avant de le renforcer. Mais tout de même ! J'aurais pu faire attention à sa sensibilité avant de publier cette histoire, qui n'a pas été désagréable que pour moi. J'ai redouté l'engueulade du siècle pendant un moment... Puis rien. Il doit y avoir un dieu pour les étourdies. Ou pour les maris stoïques. Ou les deux.

Dans les heures qui suivent la publication, je reçois quelques réactions et commentaires encourageants. Toutes les personnes qui réagissent sont des coachs ou des collègues du monde du consulting ou de la facilitation, tout va bien. Ma lettre va faire son petit bonhomme de chemin auprès du public auquel elle est destinée, parfait. Dans ce petit monde du coaching qui prêche le droit à l'erreur et le leadership vulnérable sans les pratiquer, ma démarche a au moins le mérite de joindre le geste à la parole.

À l'heure du déjeuner, je me connecte à ma salle Zoom pour animer un coaching de groupe avec quelques dirigeants. Le premier arrivé me salue, retenant à grand-peine un sourire goguenard : « *J'ai cru comprendre, en lisant LinkedIn ce matin, qu'il fallait te féliciter pour quelque chose. Je ne suis pas sûr d'avoir bien compris pour quoi, mais je te félicite.* » Connaissant le gars, qui de son propre aveu détestait faire des compliments, le sous-texte était parfaitement clair.

Cramoisie, le pouls à deux cents battements par minute, je fais diversion en accueillant les autres participants. La séance se passe aussi bien que possible... Jusqu'au moment où je dois prendre la parole pour proposer une suite au programme qui se terminait ce jour-là. Malgré la bienveillance tout à fait manifeste de ce groupe à mon égard, la panique que j'avais réussi à endormir pendant une heure me submerge. Je me mets à bafouiller comme... Comme ce jour où, dans une cour d'école élémentaire catholique des années soixante-dix, je m'étais fait choper par la maîtresse, en flagrant délit de lecture d'un magazine pour messieurs qu'une copine de classe avait piqué sous le lit de son frère aîné.

Bref.

Les jours suivants, je me réveille toutes les nuits en nage, après avoir contemplé en rêve ma clientèle partir en masse, scandalisée par mes turpitudes. Je suis à un millimètre de laisser tomber cette aventure insensée, qui met dix ans de développement laborieux de mon activité indépendante en grave danger.

En parallèle, le nombre d'abonnés de *Chères Erreurs* part en flèche (du moins, à mon échelle). En dépit des prédictions péremptoires des gourous du marketing digital, près de soixante des trois cents premières personnes qui s'abonnent sont des cadres de direction de grands groupes. Je me rappelle m'être demandée si ces personnes étaient vraiment intéressées par ce que j'écrivais, ou si, flairant l'odeur du sang, elles s'attroupaient pour assister à mon suicide professionnel.

J'ai commencé à entrevoir la fin de mon supplice quand, à l'occasion d'un déjeuner, une jeune consœur m'a gratifiée d'un vibrant : « *La vache, Cécile ! Pour démarrer par un sujet aussi peu politiquement correct, fallait-il que tu aies des COUILLES !!!* » Être aussi vigoureusement reconnectée à ma part de virilité m'a grandement aidée à retrouver un peu d'aplomb. Après tout, si j'étais un homme, rien de tout ce que je suis en train de vous raconter n'aurait été un problème pour personne.

Enfin, le retour aux sources de cette initiative - Amy Edmonson et Brené Brown, ainsi que le souvenir d'un dirigeant, que j'avais vu pratiquer le droit à l'erreur par l'exemple quelques années auparavant - a achevé de me redonner le courage dont j'avais besoin pour tenir bon. Le jour de la publication du n° 2 de *Chères Erreurs*, j'étais encore loin du retour à la case confort. Mais j'étais prête à faire front aux conséquences de la mise en danger que je m'étais infligée, toute seule comme une grande.

Quelques jours plus tard, un autre cadre dirigeant avec qui j'avais convenu de faire une séance de coaching en forêt, plaisante mi-figue mi-raisin en arrivant au lieu de rendez-vous :

> - Après ce que j'ai lu sur LinkedIn, je ne sais pas si c'est une si bonne idée d'aller faire cette séance en forêt...
>
> - À mon grand âge, mon cher, je suis infiniment flattée de passer encore pour une mangeuse d'hommes. Préfères-tu faire ta séance à la terrasse d'un café, pour être sûr et certain que rien de fâcheux ne pourra t'arriver ?
>
> - Meuh non, j'déconne !
>
> - T'es sûr ? On n'est jamais trop prudent, tu sais...

Puisqu'il insistait, nous sommes allés faire notre séance de coaching en marchant dans les bois, comme prévu.

Chères Erreurs s'est rapidement révélé être la plus belle opération de communication de toute ma carrière. Ces chroniques m'ont singularisée dans le paysage surpeuplé et sentencieux du coaching et de la supervision, et m'ont permis de lancer à peu de frais mon activité de superviseure.

Les trois personnes évoquées avec affection dans cette dernière chronique n'ont jamais raté une occasion de me faire savoir qu'elles me lisaient toutes les semaines. Et je ne compte plus les managers qui m'ont confié, discrètement, que les pièges relationnels décrits dans *Chères Erreurs* ressemblent étrangement à ceux que leur tend leur vie professionnelle.

C'était la reine de l'autopromo.
Regarde, elle a encore deux cent
mille followers sur insta !
Tesson

ÉPILOGUE

Si je suis encore là pour partager toutes ces erreurs - et croyez-moi, je ne vous les ai pas toutes racontées - c'est que je n'en suis pas morte. Au contraire, chacune d'entre elles m'a fait grandir. Rétrospectivement, ce qu'elles m'ont appris est infiniment supérieur à ce qu'elles m'ont coûté. Certaines personnes de mon entourage, soucieuses de ma réputation, se sont inquiétées de me voir rayer ma propre carrosserie en public : « *Tu n'as pas peur de te décrédibiliser en ne parlant que de tes erreurs ?* ». À vous de juger.

Je me suis forgé quatre convictions, en faisant des erreurs, en les analysant *a posteriori*, puis en les partageant :

1. Bien sûr, il faut connaître davantage de succès que d'échecs pour réussir sa vie professionnelle. Je me suis appuyée sur mes forces et sur mes succès largement autant que je me suis intéressée à mes erreurs. Opposer les deux n'a pas grand sens, les deux approches sont complémentaires.

2. Quoi que je fasse, le succès et l'échec sont des issues également possibles. Refuser l'éventualité de commettre une erreur, c'est me priver de succès possibles et d'apprentissages certains.

3. Ce que me coûtent mes erreurs ne change pas une fois que je les ai commises. En revanche, les regarder en face pour comprendre qu'elles ont à m'apprendre, c'est un choix.

4. Partager mes erreurs, au début c'était terrifiant, mais :

   - C'est un signe de maturité professionnelle : je ne me suis jamais sentie plus légitime que depuis que j'ai entrepris de le faire.

   - Cela me permet de donner aux autres le droit à l'erreur. Pour qu'elles et ils apprennent de leurs propres erreurs, aussi inévitables que les miennes.

Dans mes coachings et mes supervisions, des personnes talentueuses viennent pour progresser dans leur vie professionnelle. Envisager l'erreur comme une ressource en fait partie. Mon rôle, entre autres, c'est de créer un espace de sécurité psychologique où l'erreur est accueillie avec tendresse et curiosité.

Et vous, manager, coach, freelance, prof, parent, que pouvez-vous faire pour donner, à vous et aux autres, le droit à l'erreur ?

DÉCODER CE LIVRE AVEC L'APPROCHE SYSTÉMIQUE ET STRATÉGIQUE DE PALO ALTO

En lisant ce livre, vous avez croisé quelques termes techniques marqués d'une *. Ils sont tous empruntés à l'approche systémique et stratégique de Palo Alto, qui structure ma pratique professionnelle. Elle est très présente en filigrane dans ma manière d'aborder les situations. Même si les quarante chroniques qui composent ce livre ont été écrites pour être lues par un public non-initié, ce chapitre vous propose quelques clés épistémologiques et méthodologiques pour comprendre « d'où je vous parle ». Que vous soyez coach, responsable RH, manager ou... rien de tout ça, par simple curiosité, ce glossaire vous emmène dans les coulisses de ma pratique et de ma vision du monde.

Cet aperçu est léger, incomplet et subjectif : j'ai en effet choisi d'écrire un témoignage, pas un livre théorique. Après quelques mots d'introduction pour découvrir l'histoire, les principes et les diverses pratiques de l'approche de Palo Alto, je vous propose une interprétation personnelle des termes techniques que j'ai employés dans la rédaction de Chères Erreurs. Je les ai rangés par ordre alphabétique et à chaque fois que c'était possible, vous ai proposé des renvois aux chroniques qui les mettent en scène le plus explicitement. Enfin, si cet aperçu théorique vous laisse sur votre faim, je vous ai préparé une courte liste de conseils de lecture en fin de chapitre.

L'APPROCHE DE PALO ALTO

Naissance et ramifications

L'approche systémique et stratégique est une méthode de résolution de **problèmes relationnels** – entre soi et les autres, soi et le monde ou entre soi et soi-même - développée par Gregory Bateson, puis par une équipe pluridisciplinaire au Mental Research Institute de Palo Alto dans les années 1950 à 1980. Parmi les fondateurs se trouvent Paul Watzlawick, Don D. Jackson, Richard (Dick) Fisch, Janet Beavin, Virginia Satir, John Weakland. Ces penseurs se sont beaucoup inspirés de Milton Erickson, psychiatre, psychologue et père de l'hypnose conversationnelle.

L'approche de Palo Alto a été introduite en Europe comme méthode de **thérapie brève systémique et stratégique** dans les années 1980 par Jean-Jacques Wittezaele, Teresa Garcia et Giorgio Nardone. De nombreux autres thérapeutes s'en inspirent plus ou moins directement, comme Boris Cyrulnik, Mony Elkaïm ou Emmanuelle Piquet, pour ne citer que les plus connus.

L'école de Palo Alto se ramifie dans diverses disciplines, notamment la sociologie des organisations, dont l'analyse stratégique porte un regard interactionnel et contextuel sur le fonctionnement des organisations. Parmi les grands auteurs de ce courant, vous trouverez Michel Crozier, François Dupuy et Erhard Friedberg.

Enfin, l'approche systémique et stratégique a été adaptée au **monde de l'entreprise** à partir du milieu des années 1990, notamment par Françoise Kourilsky et Jacques-Antoine Malarewicz.

Aujourd'hui, l'approche systémique et stratégique de Palo Alto est enseignée et appliquée dans de nombreux domaines, de la psychothérapie à l'urbanisme en passant par l'éducation, et bien sûr, le coaching professionnel.

L'approche de Palo Alto en entreprise

L'approche systémique et stratégique est particulièrement pertinente en coaching professionnel.

Lire l'interview d'Emmanuelle Piquet, *Harcèlement à l'école ou au travail, même combat !*

https://eqrco.de/a/xowtBJ

Relationnelle : elle offre des solutions relationnelles aux problèmes relationnels, les plus difficiles à résoudre pour les entreprises. Or, comme le dit Emmanuelle Piquet qui fut DRH avant de fonder l'école et les centres *À 180 degrés / Chagrin Scolaire*, les équipes RH disposent de peu d'outils relationnels dans leur panoplie d'intervention. Formation, mobilité, sanction, etc., sont le plus souvent inopérantes pour résoudre durablement les problèmes relationnels... Qui reviennent au galop quand ils n'ont pas été traités au bon niveau.

Non pathologisante : elle considère que tous les acteurs ont de bonnes raisons de se comporter comme ils le font. Personne « n'est » le problème ou le coupable, mais toutes les personnes demandeuses d'un changement sont bienvenues pour participer à la recherche opérationnelle d'une solution.

Responsabilisante : elle remet les responsabilités au bon endroit pour rééquilibrer les relations, là où les organigrammes biscornus, les process transversaux et les réductions d'effectifs ont facilité l'apparition de conflits et autres angles morts relationnels.

Pragmatique : elle est orientée vers les résultats, et s'appuie sur les contraintes et marges de manœuvre de l'environnement plutôt que sur des injonctions théoriques ou des modèles de management dont la pertinence s'effrite dès qu'elle se confronte au réel de la vie des organisations.

Brève : elle colle bien avec les forfaits de 3, 6 ou 10 séances que prévoient les entreprises pour avoir de la visibilité sur leurs budgets.

L'approche de Palo Alto présente cependant quelques défis d'adaptation au monde de l'entreprise.

Elle contredit la logique linéaire dominante en Occident, qui traite les causes immédiates d'un symptôme* sans se préoccuper des conséquences systémiques (cf. chronique n° 21),

Elle est en concurrence avec les approches intrapsychiques et pathologisantes qui permettent de vendre des tests psychométriques par millions et d'utiliser le coaching comme instrument de normalisation des comportements à l'échelle planétaire (cf. chronique n° 24).

Elle n'est pas promue par des chaires universitaires prestigieuses ou une rutilante machine marketing, susceptibles de rassurer les acheteurs de coaching, et doit donc être argumentée finement pour apaiser leurs craintes, légitimes dans un secteur où le pire et le meilleur se côtoient (cf. chronique n° 9).

Elle demande parfois de négocier les règles qui régissent l'achat et le déroulement de missions de coaching en entreprise, notamment pour obtenir l'accès aux bons interlocuteurs (cf. chroniques n°s 18 et 19).

Elle questionne la tendance actuelle de beaucoup d'entreprises à sous-traiter leurs responsabilités managériales (et les risques qui vont avec) à des prestataires externes (cf. chroniques n°s 19, 21, 26, 29, etc.).

GLOSSAIRE

Alternative stratégique : technique d'aide à la décision qui consiste à présenter une alternative en mettant en avant uniquement les risques, les renoncements et les inconvénients de chacune des branches de l'alternative. Le pari de cette technique est que les choix difficiles ne se font pas en fonction des bénéfices attendus, mais des renoncements et inconvénients. Le biais d'aversion au risque et à la perte nous fait invariablement choisir l'option la moins douloureuse.

Cette technique est utilisée dans les chroniques n°s 22, 26, 37.

Bénéficiaire désigné·e : terme désignant une personne qui, n'ayant rien demandé, se retrouve « bénéficiaire » d'un coaching décidé par quelqu'un d'autre. Selon les cas, les bénéficiaires désignés peuvent recevoir cette aide non sollicitée comme : une excellente idée, une punition ou une corvée. Dans tous les cas, mon premier travail en tant que coach systémique consiste à faire ce qui est possible pour clientéliser* le ou la bénéficiaire... Si c'est possible.

Françoise (n° 1), Chloé (n° 4), Marie-Claire (n° 20) Gaston (n° 21) et Judith (n° 24) sont des bénéficiaires désignés. Dans cette liste, seules Françoise, Marie-Claire et Judith sont devenues des clientes* au sens Palo Altien du terme.

But conscient : poursuite d'un objectif par la volonté pure et dure, sans prise en compte du désir. Le combat interne qui en résulte entre le réflexif (la volonté) et le processif (le désir) se traduit le plus souvent par une insensibilité cérébrale aux signaux que l'on fait fausse route, et par des souffrances corporelles de plus en plus fortes, parfois jusqu'à ce que « le corps lâche ».

Ce combat est esquissé dans les chroniques n° 33, où Sam met sa santé en danger à force de vouloir, et n° 36, où je mets ma vie carrément en danger en travaillant malade.

Il y a bien d'autres buts conscients moins spectaculaires dans ces chroniques : Guillaume (n° 3), qui veut absolument rallier son fils à sa cause ; moi (nos 8 à 12) qui veux absolument trouver des clients sans faire de prospection ; moi encore (n° 25), qui tiens mordicus à utiliser le codéveloppement dans une situation qui ne s'y prête pas ; Hélène (n° 28) qui veut se venger de son patron.

L'approche systémique et stratégique utilise deux questions pour aider des personnes à abandonner leur but conscient :

- Si vous aviez la certitude absolue que ce que vous voulez si obstinément n'adviendra jamais, que feriez-vous de différent ?

- Quels seraient les risques épouvantables si ce que vous voulez si obstinément advenait ?

Ces questions, qui doivent être posées avec précaution (que j'omets de prendre avec Guillaume dans la chronique n° 3), et précision (ne pas se tromper de but conscient, comme je le fais dans la chronique n° 33), génèrent souvent un effet boule de neige très spectaculaire.

Coaching sous contrainte : situation dans laquelle un accompagnement (coaching, thérapie) est proposé, voire imposé à une personne qui ne l'a pas demandé.

La contrainte peut être explicite : « si tu refuses cet accompagnement…

- « *tu n'auras pas ton diplôme.* » Chloé (n° 4)

- « *tu seras déconsidérée par ta hiérarchie.* » Marie-Claire (n° 20)

- « *tu vas payer tes prochaines erreurs relationnelles sur tes deniers personnels.* » Judith (n° 24)

La contrainte peut aussi être implicite : « si tu refuses l'aide qui t'est si généreusement proposée, tu pourrais te retrouver en porte-à-faux vis-à-vis de l'autorité qui te la prescrit avec toute la bienveillance du monde » : Françoise (n° 1), Gaston (n° 21), Loïc (n° 23).

Client·e : toute personne prête à investir des ressources (temps, efforts, argent...) pour changer une situation. C'est généralement la personne qui a, la première, demandé un changement ou sollicité de l'aide. C'est aussi généralement la personne qui souffre le plus de la situation. C'est avec cette personne qu'en tant que coach systémique, je vais chercher à travailler en priorité, car c'est elle qui a le plus intérêt à changer.

Aurélien (n° 18), Erika (n° 22), Loïc (n° 23), Saïd (n° 25), Hélène (n° 28), Sam (n° 33), Ophélie (n° 35) sont toutes et tous des clients* au sens où je l'entends ici. Seules Hélène et Ophélie sont également donneuses d'ordres* dans la mesure où elles me passent commande directement. Tous les autres sont bénéficiaires* car j'ai contractualisé avec quelqu'un d'autre dans leur organisation.

Clientéliser : intervention destinée à amener une personne qui n'a rien demandé à envisager un accompagnement (coaching, thérapie) comme une option valable. Ces personnes n'ayant pas demandé d'aide jusque-là, la stratégie de clientélisation doit être construite et menée avec délicatesse, afin de les amener à choisir si elles ont personnellement intérêt ou non à donner suite à la proposition d'aide.

- Guillaume (n° 3) Nounours (n° 19) et Prunelle (n° 21) sont des exemples de clientélisation ratée.

- Judith (n° 24) et Giacomo (n° 27) sont des exemples de clientélisation réussie.

Le refus, par les bénéficiaires désignés, de l'aide qui leur est proposée n'est pas nécessairement le signe que les coachs ont mal fait leur travail. Ce refus est parfois la solution la plus écologique pour eux, c'est-à-dire celle qui répond le mieux à leurs besoins tels que ces personnes les ressentent.

Conflit d'intérêts : situation mettant en jeu des intérêts contradictoires et inconciliables. Les conflits d'intérêts sont formellement déconseillés par les codes de déontologie* des fédérations de coaching, et pour de bonnes raisons.

C'est le thème de la chronique n° 26.

Déontologie : règles applicables à une profession et opposables aux personnes se réclamant de la profession en question.

Donneur·se d'ordres : personne qui me passe commande et qui gère la relation contractuelle avec moi. Dans la plupart des cas en entreprise, il s'agit d'une personne au sein du département RH : responsable Talents, DRH, HR Business Partner. Dans certains cas, cette personne a prescrit le coaching, voire en a pris la décision pour le ou la bénéficiaire*. Dans d'autres cas, cette personne est uniquement mon interlocutrice administrative, la décision ayant été prise par les bénéficiaires* ou leurs managers. Parfois, les personnes donneuses d'ordres font partie du système pertinent* des bénéficiaires*. Pas toujours. Mais elles et ils font toujours partie de mon système pertinent* dans mes interactions avec l'entreprise.

Pascaline (n° 1), Alexandre (n° 5), Audrey et Marine (n° 16), Diana (n° 18), Leila, (n° 19), Antonia et Cyrielle (n° 20), Jeanne (n° 21), Lewis (n° 24), Vincent (n° 26), Thomas (n° 29), Slava (n° 31) constituent autant d'illustrations de l'importance du rôle des donneurs et donneuses d'ordres dans la compréhension du problème, l'accès aux parties prenantes et aux informations, le positionnement de mes interventions, l'étendue de mes marges de manœuvre. Bref, dans l'efficacité de mes interventions.

Empathie stratégique : mouvement consistant à rejoindre la personne accompagnée dans son ressenti, sa souffrance, ses émotions, ses objectifs.... Avant de questionner la manière dont elle s'y prend pour résoudre le problème dont elle souffre. En raccourci, l'empathie stratégique revient à dire à la personne accompagnée : « *Je comprends parfaitement que vous ayez mis en œuvre tout ce que je vais vous demander d'arrêter.* »

Ma copine marketeuse fait un très beau mouvement d'empathie stratégique* dans la chronique n° 12. C'est également le mouvement que j'emploie pour faire voir sa colère différemment à Alexandre (n° 5) et me dissocier du désir de vengeance d'Hélène (n° 28).

Escalade : dynamique relationnelle qui se rigidifie au point de devenir problématique, parfois jusqu'au blocage :

> **Symétrique haute :** chaque protagoniste cherche à prendre le pouvoir sur la relation (cf. Erika et moi n° 22, Achille et moi, n° 30).
>
> **Symétrique basse :** chaque protagoniste cherche à être reconnu comme victime de la relation. D'une certaine manière, la relation entre Mireille et moi dans la chronique n° 31 peut être interprétée comme cela.
>
> **Complémentaire :** la volonté de contrôle de l'un se nourrit de la soumission de l'autre (Garance et son ex-mari, n° 32).

Éthique : ensemble de règles personnelles permettant d'articuler la déontologie* de sa profession avec sa morale et ses valeurs personnelles.

Expérience émotionnelle correctrice : mode de prise de conscience emblématique de l'approche systémique et stratégique, résultant des interventions stratégiques des coachs. Les interventions comme les recadrages ou les tâches à réaliser par la personne accompagnée entre deux séances ont pour objectif de lui faire vivre quelque chose de différent. Les émotions ressenties lors de ces expériences créent les conditions pour qu'elle modifie sa vision du problème et partant, ce qu'elle met en place pour le résoudre.

La plupart des erreurs qui composent ce recueil ont donné lieu à des expériences émotionnelles fortes, qui ont, dans certains cas au moins, corrigé ma pratique. Dans la chronique n° 13 où j'évoque ce terme technique, je vis deux expériences émotionnelles correctrices. La première, c'est la découverte brutale que je peux me passer de tout un pan du marketing qui ne correspond pas à mon éthique* professionnelle. La seconde, c'est la découverte au travers d'une discussion informelle, du positionnement marketing que j'ai cherché en vain pendant des années.

Homéostasie : Principe emprunté à la biologie et à la physique. Processus d'autorégulation permettant à un système de maintenir la stabilité de son propre fonctionnement. Ce principe est l'une des principales clés d'élucidation des fameuses « résistances au changement » si souvent constatées dans les projets individuels et collectifs de changement. Toute intervention qui menace trop frontalement le fonctionnement d'un système court le risque d'être rejetée.

C'est particulièrement saillant dans l'histoire d'Aurélien (n° 18).

Inconvénients du changement : terrain d'investigation des coachs systémiques quand une personne déclare vouloir changer et n'y parvient pas. Tout changement implique des renoncements, des risques et/ou des coûts, que les personnes désirant changer doivent bien mesurer avant de passer à l'action.

Or souvent, quand on veut changer et qu'on n'y arrive pas, c'est que les inconvénients du changement n'ont pas été évalués avec assez de soin (Loïc, n° 23), ou parce qu'ils l'ont été et rendent le changement beaucoup moins désirable, voire impossible (Garance, n° 32).

Une autre situation, fréquente dans les projets de changement en entreprise, consiste pour une personne ou un groupe à désirer un changement pour d'autres... qui ont tout à perdre à ce changement. Par exemple, dans la chronique n° 19, si la médiation qui m'est demandée pour réconcilier Nicolas et Pimprenelle réussit, il est plus que probable que Pimprenelle se retrouvera coincée dans un poste vidé d'une bonne partie de sa substance au profit de Nicolas. C'est la raison pour laquelle, du point de vue de Pimprenelle, provoquer un conflit en vue d'une rupture négociée est bien préférable à une conciliation. Cette lecture interactionnelle est inaccessible à Leila comme à moi au début de l'histoire.

Interaction : c'est ce sur quoi coachs et thérapeutes systémiques et stratégiques focalisent leur attention, davantage que sur les individus. L'école de Palo Alto présuppose que tout individu a de bonnes raisons de se comporter comme il le fait, et que les leviers du changement sont à rechercher dans ses interactions avec son environnement (humain, organisationnel) ou avec lui-même et non dans sa psyché individuelle.

Toutes les relations que je relate dans ce livre sont dysfonctionnelles à un degré ou à un autre. La chronique n° 26 où j'évoque ce terme l'illustre de façon particulièrement aiguë. Ici, le terme à la mode serait « toxique ».

Non-normativité : posture d'intervention consistant à respecter la vision du monde*, les valeurs, les objectifs de la personne accompagnée sans imposer les siens.

Dans l'histoire de Loïc (n° 23), la non-normativité m'interdit de prendre position sur ses choix de vie quoi que j'en pense. Dans celle de Garance (n° 32), le même principe de non-normativité devrait m'interdire de juger ce qui se passe entre son ex et elle... mais je n'y arrive pas. La non-normativité est une ascèse.

Position basse : posture relationnelle par laquelle une personne laisse la place et le contrôle de la relation à l'autre.

Dans l'histoire de Loïc (n° 23), je surinvestis la position basse* sans stratégie, au point de rater mon coaching. Dans celle de Mireille (n° 31), je reste trop longtemps en position basse*, au point de laisser la relation devenir insupportable.

Position basse stratégique : stratégie relationnelle visant à apaiser un conflit en faisant le premier pas, afin de réintroduire des comportements complémentaires dans une escalade symétrique haute*.

Cette stratégie est illustrée dans la chronique n° 13 et à deux reprises dans la chronique n° 22.

Position haute : position dominante dans une relation. Les stratégies de contrôle* se font le plus souvent à partir d'une position haute... ce n'est pas pour autant qu'elles sont forcément efficaces. Dans l'histoire d'Achille (n° 30), ma position haute relève de la gesticulation.

Prescription de symptôme : stratégie paradoxale de résolution de problèmes visant à prescrire à la personne de provoquer volontairement son symptôme :

- m'auto-prescrire l'abstinence d'écriture pour soigner ma panne d'inspiration (n° 12) ;

- prescription faite à Ophélie, insomniaque, de ne pas dormir (n° 35).

Cette stratégie paradoxale a pour effet de normaliser un comportement considéré comme problématique, ce qui ouvre deux possibilités également acceptables : continuer comme avant, avec autorisation, ou bien désobéir et ce faisant, atteindre l'objectif initial de changement. Elle a surtout pour effet de faire cesser le combat entre le réflexif (la volonté) et le processif (le désir), car la prescription va dans le sens du désir et permet le réalignement entre désir et volonté.

Problème : difficulté qui résiste aux solutions qui fonctionnent habituellement. L'existence même d'un problème est une indication que la logique employée pour le résoudre est erronée, puisque les tentatives de solution* n'en viennent pas à bout. Selon un mot fameux de Paul Watzlawick : « *Le problème, c'est la solution.* »

Qu'attendez-vous de moi ? Question magique à poser au démarrage d'un coaching, d'une séance, voire dans les moments de flottement ou de digression au cours d'une séance.

Variante, très efficace au démarrage d'un coaching : « *Qu'est-ce qui vous fera dire, dans trois mois, que vous avez bien fait de me choisir comme coach ?* »

Variante, quand quelqu'un me parle d'une personne à aider : « De quoi cette personne est-elle demandeuse ? » Car sans demande, pas d'accompagnement. Guillaume (n° 3), Nounours (n° 21), Tanguy (n° 27).

Question du « comment aggraver » : typologie de questions destinées à faire prendre conscience à une personne que, quelle que soit la légitimité de ses buts, la manière dont elle s'y prend est contre-productive.

Dans l'histoire de Guillaume (n° 3) j'ai certes raison de penser que ses paroles et ses actes ne font qu'aggraver ses souffrances... Mais je ferais mieux de me rendre compte que plus j'essaie de l'aider sans son consentement, plus je renforce son rejet de toute forme d'aide !

Recadrage : technique thérapeutique consistant à présenter un fait ou une situation de manière à la faire voir autrement, notamment sous un angle interactionnel. Un peu comme un cadrage photo différent permet, en modifiant le point de vue, de créer une image parfois très différente de l'image initiale. Il y a beaucoup de recadrages dans ce recueil, mais les plus évidents se trouvent dans les chroniques n°s 2, 5, et 34.

Stratégie de contrôle : série de comportements destinés à prendre/conserver le contrôle sur une situation. Les stratégies de contrôle ne sont pas problématiques en soi. Ce qui peut les rendre problématiques, c'est quand le contrôle devient improductif : plus la personne cherche à contrôler, plus la situation lui échappe. Guillaume qui veut contrôler la loyauté de son fils (n° 3), Giacomo qui veut contrôler l'autonomie de son fils (n° 27), Erika qui veut contrôler les réactions de son équipe, et moi qui essaye de contrôler les siennes (n° 22), moi qui me bats pour faire respecter mon cadre à Achille (n° 30).

Stratégie d'évitement : série de comportements destinés à éviter de se confronter à une réalité douloureuse ou effrayante. À court terme, la personne est soulagée de ne pas s'être confrontée à ce qui lui fait peur, mais à plus long terme, le problème ne fait que grossir et la personne se persuade implicitement à chaque renoncement qu'elle n'est pas capable d'y faire face.

L'exemple le plus développé de stratégie d'évitement* se trouve dans les six chroniques du chapitre 2.

Suradaptation : variante de stratégie d'évitement* très répandue en entreprise et source de nombreuses souffrances professionnelles. Il s'agit d'un ensemble de comportements destinés à s'adapter à une situation, aux besoins des autres, aux impératifs de l'organisation, à des injonctions extérieures... au mépris de ses propres besoins.

C'est le thème de la chronique n° 31.

Symptôme : comportement ou affection générant de la souffrance chez une personne ou au sein d'un groupe, et souvent repéré comme problématique ou anormal par l'entourage. Dans l'approche systémique et stratégique, le symptôme est une stratégie d'adaptation de l'individu à son contexte.

Cette stratégie peut être coûteuse à l'individu qui porte le symptôme (Ophélie qui ne dort pas, n° 35) mais pas toujours. Elle peut coûter bien davantage à son entourage (cf. Prunelle qui souffre du refus de Gaston de dire non, n° 19).

L'intervention systémique et stratégique se focalise sur la ou les personnes qui souffrent du symptôme, pas nécessairement sur celles qui portent le symptôme.

Système pertinent : ensemble des personnes impliquées dans la survenue et l'entretien d'un problème* relationnel. Dans une famille ou une équipe, ne font partie du système pertinent que les personnes qui jouent un rôle direct dans le problème.

Tentative de solution (autrement dit « toujours plus de la même chose ») : toutes les tentatives infructueuses mises en place pour tenter de résoudre un problème. Chaque chronique de ce recueil comporte des tentatives de solution, vous pouvez vous amuser à les rechercher. Le plus souvent, elles sont formulées de la manière suivante : « *Plus X fait ceci, plus Y réagit comme cela* » ou bien « *le fait même que X fasse ceci produit l'effet exactement inverse au but recherché* ».

L'exemple le plus développé est celui de mon développement commercial : j'ai besoin de me développer commercialement et toutes mes tentatives commerciales et marketing sont organisées pour m'éviter le supplice de la prospection.

Vision du monde : ensemble d'apprentissages, opinions, expériences, à travers lesquels nous abordons, comprenons et interprétons les événements de notre vie. Il y a autant de visions du monde que d'individus sur Terre. Cette notion est un corollaire d'un des principes fondamentaux de l'approche systémique, le constructivisme. Ce dernier postule qu'il n'existe pas de réalité objective mais seulement des constructions subjectives.

QUELQUES LECTURES SYSTÉMIQUES ET STRATÉGIQUES

Cette liste est loin d'être exhaustive. Je vous la propose plutôt comme quelques conseils de lectures à suivre ou non, selon votre curiosité. Je ne me suis pas arrêtée au monde professionnel, car l'école de Palo Alto a des trésors à offrir dans d'autres domaines, dès l'enfance.

Épistémologie et histoire de l'école de Palo Alto

Sandrine Chalet, ***Découvrir l'école de Palo Alto*** *: une différence qui fait la différence*, Enrick B. Éditions, 2022.

Dany Gerbinet, ***Le thérapeute et le philosophe : atteindre un but par le non-agir***, Enrick B. Éditions, 2017.

Paul Watzlawick, Janet Helmick Beavin & Don D. Jackson, ***Une logique de la communication***, Seuil, 1972, 1979, 2014.

Paul Watzlawick, John Weakland & Richard Fisch, ***Changements : paradoxes et psychothérapie***, Seuil, 1981, 2014.

Jean-Jacques Wittezaele & Teresa Garcia-Rivera, ***À la recherche de l'école de Palo Alto***, Seuil, 1999, 2006, 2014.

Coaching professionnel systémique et stratégique

Karine Aubry & Estelle Boutan, *Essaye encore ! Déjouer les pièges relationnels au travail avec l'approche de Palo Alto*, Enrick B. Éditions, 2017, 2020.

Karine Aubry, *Travail : dites non à la suradaptation Surinvestissement, difficulté à dire non, syndrome du bon élève...*, Dunod, 2025.

Françoise Kourilsky, *Du désir au plaisir de changer*, Dunod, 1997, 2008, 2022.

Roberta Milanese & Paolo Mordazzi, *Coaching stratégique, transformer les limites en ressources*, Enrick B. Éditions, 2018.

Sociologie des organisations

François Dupuy, *Lost in management*.

Tome 1 : *La vie quotidienne des entreprises au XXIème siècle*, Seuil, 2011.

Tome 2 : *La faillite de la pensée managériale*, Seuil, 2015.

Tome 3 : *On ne change pas les entreprises par décret*, Seuil, 2020.

Thérapie brève systémique et stratégique selon l'école de Palo Alto

Giorgio Nardone, *La peur de décider*, Satas, 2016.

Emmanuelle Piquet, *Faites votre 180° ! Vous avez tout essayé : et si vous tentiez l'inverse ?*, Payot, 2015.

Jean-Jacques Wittezaele & Giorgio Nardone, *Une logique des troubles mentaux : le DOSS*, Seuil, 2016.

Humour paradoxal pour ados de tous âges

Paul Watzlawick, *Comment réussir à échouer : trouver l'ultrasolution*, Seuil, 1991, 2014.

Paul Watzlawick, *Faites vous-même votre malheur*, Seuil, 1984, 1990, 2009.

Palo Alto pour les enfants

Emmanuelle Piquet & Lisa Mandel, *Allez les filles !*, Albin Michel, 2021.

Emmanuelle Piquet & Amélie Graux, *Je n'ai plus peur de mes peurs*, Les Arènes, 2022.

Dépôt légal : 1er trimestre 2025

Imprimé en UE (Bulgarie)

Diffusion, distribution :
France, Belgique : DILISCO
Suisse : OLF
Canada (Québec) : SOMABEC